我不要做英雄，要做贏家

做自己的太陽，無需憑藉別人的光

U0031901

關於突破困境、關於再造新局
臺灣第一本以陸配視野寫就的勵志書

朱國榮◎著

勇敢面對挑戰、築夢踏實

苗栗縣縣長 **徐耀昌**

　　很高興接到國榮的邀請，為這本書撰寫推薦序，初見書稿，令我感受到國榮對於成功的追求是如此強烈，在閱讀的過程中，更了解到國榮不僅是在意個人的成功，更不忘對他人的「觀功念恩」，才促成了此書的誕生。願能為像國榮一樣來自大陸的新住民朋友，甚至是其他在人生路上感到茫然的朋友，提供一些過來人的經驗分享。

　　國榮在 45 歲這一年，決定將自己的人生故事與大家分享，她來自海峽彼岸的大陸湖北省，細讀她的人生故事，有過貧苦、有過得意、曾經迷失、曾經淪落，但國榮始終保持著人生的信念，面對各種挑戰，不僅是在職場，在人生的轉折點，國榮也跳脫了自己在大陸的舒適圈，毅然決然來到臺灣。

　　經過了辛苦的求子之路、與婆婆的適應磨合，不僅擁有了幸福之家，創立了自己的事業，更立志要幫助更多與自己相同處境的新住民姊妹，一切都源自於其所堅持的信念——「觀功

念恩、利他及正向思考、不間斷的學習」。

　　截至 2020 年 9 月底內政部統計，全臺的新住民人數已達 562,774 人，像國榮一樣的大陸籍新住民則有約 35 萬人，已占將近六成，而在苗栗縣就有近 8000 多名的大陸新住民朋友。

　　耀昌在 2016 年上任以來，致力於關心這些離鄉背井來到臺灣的新住民朋友，在社會處成立「婦女及新住民事務科」，專責推動新住民照顧服務，並且邀集專家學者成立「苗栗縣新住民事務委員會」，全力推動新住民照顧服務，讓新住民在苗栗能夠感到幸福快樂。

　　根據內政部移民署 2018 年辦理各直轄市、縣 (市) 政府

推動友善移民環境與新住民輔導滿意度調查研究，本縣新住民對於推動友善移民環境看法，整體而言認為生活在苗栗縣很幸福的比例占了 93.7%，相信我們的努力，新住民朋友都能有所感受。

而現在的新住民服務，不僅是基本生活適應輔導，逐漸轉為培力新住民及新二代，不僅是新住民朋友，甚至是一般的臺灣鄉親都適合閱讀此書。因此，我特別推薦各位藉由閱讀這本書，一同經歷國榮生命中的起伏跌宕，試想如果是您，將會如何面對？

希望能夠讓更多的朋友像國榮一樣，勇敢面對挑戰、築夢踏實，找到屬於自己的幸福生活，成為自己的贏家。

推薦序

世界因我們而更幸福

佳興成長營創辦人 **黃佳興**

　　大家好，我是佳興。在全亞洲巡迴演講，我們不斷強調，幸福比成功更重要，越幸福你就會越成功。

　　在這本書裡面，我看到作者金鈴不容易的那一面，從中國遠嫁到臺灣來，經歷了婆媳之間、姑嫂之間，還經歷了事業與生命的磨練。孩子好不容易來到了這個世界上，種種的挑戰以及考驗，同時也讓我看到她這種不屈不撓的精神。我看到她為了幸福投入所有的心思，願意付出一切，來打造起來的一個全方位成功的人生，我深感佩服。

　　在教室裡我看到金鈴的參與、課後的操練都是非常令人欣賞的，也難怪她可以在事業上做出一個風生水起，甚至是邁向NO.1 的道路上。

　　同時我們也不斷的再強調，所有人的成就都是操練出來的，這個部分在金鈴身上完全一覽無遺，所以只有操練才有價值，只有操練才會成為職業選手，只有操練到極致，才能夠成

為行業的 NO.1。很開心看到這本書籍的誕生，讓我參與到一個精彩無比的人生。

　　透過金鈴的故事，能夠讓更多的生命了解，小幸福憑感覺，大幸福需要具備競爭力。我們可以具備生命當中必要的能力，才有辦法真正為所愛的家人。

　　創造無限的幸福，在金鈴身上我看到有她的地方就有愛，世界因我們而更幸福。

　　最後預祝這本書籍大賣！

自序

打開一扇門，看見美麗的世界

　　靜夜裡，我在三個樓層檢查過每個美容保健房間，確認了燈光器材都已關閉或歸位，也確認該洗的床單和毛巾都已取走。屋外淡柔的月光照進這方窗明几淨的空間，一切都回復乾淨雅致的原貌，等待明天再來接待新的一組組客人。

　　幾個女師傅們都已收工回家，今天黃昏時候，她們有的還帶著小孩一起來，身為單親媽媽或者先生沒空去學校接孩子的女子，可以放心把孩子帶過來，我們這裡也提供可以讓孩童遊戲的溫馨空間。

　　玩伴不是別人，正就是我自己的三個孩子。我的三胞胎，二女一男，都還在小學的年紀，他們也經常來這裡陪媽媽，處在這間我精心布置的美容養生會館，他們自在安適。

　　巡視過整個屋子後，我來到入口大廳，坐在沙發區稍事休息。時間已近午夜，此刻我的心境空明，有點超然的感覺。白天點燃的可以令人舒緩的薰香精油，尚餘幽幽餘香，伴隨著清冷的空氣，飄盪在周遭。我躺在舒服的軟墊上，放鬆四肢，看

著一旁從窗櫺照進來的月光，心中不禁想起許多的從前。

陸配在臺的處境

　　從遙遠的北方啟程，之後定居在這個島嶼，到今天也已經十五年了。

　　十五年，說長不長，也大致就是當年我透過試管孕育新生命，到後來拉拔三個孩子長大的時光；但說短也絕對不短，特別是當人們知道當年我陸續結束掉中國的事業，可以說拋開一切過往，兩手空空的來臺專心嫁為人婦。如今我不僅能在臺灣生根展葉，並且在現今居住這個算是經濟發展較落後的山城，成就一家又一家的連鎖事業。

　　我這個大陸來的女子，是苗栗竹南、頭份這一帶地區，開創健康養生美容事業的始祖。說起來，那也是幾年間的事，我的初心當時除了自個兒養家活口，也想照顧同樣來自中國的姊妹淘們，讓大家都有個過日子的活計。

　　是的，這可能是我從小養成的一個習慣吧！我老是不滿足只有自己一個人過得好，總想著若有那麼一點點餘力，就算我的力量是那麼微薄，也要盡力照顧到別人。於是在家鄉時候，我有很長一段歲月，一個人要照養三個老人及一個弱智的兄長。之後嫁來臺灣，創業後，我也不忘想要為別人提供工作出

路，至少給在地的陸配一個謀生機會。

提起陸配，根據臺灣內政部統計，截至 2019 年，入籍臺灣的外籍配偶有將近 55 萬人，其中占比最高的陸配，人數差不多是 35 萬人。曾經跟臺灣的朋友聊到這個話題，他們大都很驚訝，沒想到陸配竟然有那麼多！

單單我所居住的苗栗縣，我知道光以我家為核心方圓幾里的縣境內，就有不少和我一樣來自中國的陸配。她們的狀況如何呢？老實說，經常參加陸配聚會及參與相關社群的我，很清楚瞭解他們的狀況。簡單說，十個陸配裡有八個不快樂，比例上已經很高，但就連剩下的那兩成，也不能說是快樂，只能說是普通，或者覺得還過得去。

為何不快樂的陸配那麼多呢？難道是大陸來的朋友特別容易水土不服嗎？或者臺灣人會虐待中國媳婦？

我相信人性本善，不論是我們這樣來自中國的媳婦，或者臺灣本土的婆婆和在地朋友們，大家有緣相聚在一個家庭，原始本意絕對都是良善的。後來若發展出不好的結果，包含高離婚率、單親教養乃至於種種社會問題，絕非當事人所願。誰不願意人與人間好好相處、和睦到老呢？但事實卻是真有那麼高比例的陸配不快樂，甚至還有很多人可能只是表面裝出幸福的樣子，背後卻是天天偷偷拭淚。

身為養生館老闆的我，可以照顧的人有限，靜夜裡，我思

維著，追求幸福的人生，除了經濟面向的問題，還有一個更重要的課題，那就是心態的調整。

求助之前請先自助

　　這本書的誕生，就如同當初我創立養生館，也如同當年我在中國經營的許多事業，初衷包含著基本的經濟考量，但也包含著許多的淑世願景。

　　關於助人，我想不論中國或臺灣，都有許多的善心人士，但助人不僅需要金錢，很多時候，助人還需要「同理心」。身為陸配，我最能同理的是什麼人呢？當然就是和我同樣來自中國的陸配。

　　即便我的事業不斷成長，我也不敢說未來可以在公益志業領域付出多大的影響，但我絕對相信，對於協助陸配這一塊，我不只可以施展一些力量，甚至這也已經成為我人生使命的一部分。

　　是的，若有可能，我想幫助廣大的陸配一族，可以找到一個「內心的出口」，這本書的誕生，就是朝這目標邁進的其中重要一步。

　　當然本書歡迎來自各界的讀者批評指教，也希望這本書可以讓更多有緣人翻閱，也許來自我書中的一句話或一個經驗

帶來的反思，可以觸動某個人的一念轉換，進而開啟嶄新的人生，建立善緣。

以這樣的角度，本書的撰寫，適合所有的族群共同分享，除了前面提到我最關心的陸配族群，本書也適合所有在人生成長路上感到茫然的人，包括徘徊在婚姻與家族牽絆中的媳婦族、在職場上浮浮沉沉看不到未來的上班族、曾經打拚奮鬥卻被景氣打趴感到心力交瘁的創業族，以及在生活中歷經酸甜苦辣有時候也不免意氣消沉的平凡人一族……

我不敢自詡本身多強，能提出什麼立即的破解難關良藥，但僅以野人獻曝的真誠，結合我人生過往的不同歷練，以及近幾年來修習中醫以及結合身心靈學問，所體悟到的更多人生真諦，希望能透過文字幫助更多的人。而會將陸配列為第一優先想照顧的族群，因為這是我在生活中經常接觸也確確實實感受到她們有強烈需要被開導指引的族群。

我的作法如同那句老諺語：「給人魚吃，不如給他釣竿。」

針對陸配來說，我瞭解陸配們的問題，因為我也是過來人。但我無法一個一個去做到陪伴或解惑，我堅定相信，靠著努力奮鬥，陸配可以在臺闖出一片天，我自己就是範例。但我無法帶著所有陸配朋友跟著我這樣做，所以我想透過文字以及演講來幫助她們。

針對廣大的迷茫一族來說，不論是處在求職路上、婚姻路

上，或是人生任何一個轉型十字路口上，迷茫是正常的，畢竟未來會怎樣，除非有未卜先知的通靈力，否則人人多少都會不安或惶惑。以這個角度來看，我的人生經歷，剛好經歷過種種的未知與突破，很適合和讀者們分享。

我不敢說自己是專家，但因為過往我的豐富經歷，我很少看過有人像我這般在兩岸都有突破成長挑戰實績，並且在職涯轉型、創業以及婚姻婆媳關係等，都有獨特成功實證的女子，並且我還是臺灣人眼中資源較弱勢的陸配。因此，比起許多的心靈導師或勵志企業家，我雖不是能力最強，但卻是最適合站出來發聲的人。

我的信念：
要先改變大腦，才能改變心態；
要先改變心態，才能改變行為；
要先改變行為，才能改變命運。

就以婚姻家庭這塊來說，陸配們（其實包含很多臺灣媳婦也是如此）當面對所處的苦境，與其唉聲嘆氣，甚至選擇離婚逃避，我的建議是：勇敢積極面對，起手式就從「改變心態」開始。

至於白手起家創業，如果連我這樣一個學歷不高、來自偏

遠鄉下的小女孩，後來都能創業有成，就代表著人不該自我設限。只要擁有信念及方法，一定可以走出一條康莊大道。

我要透過書籍，將來也要透過演講，向願意聽我講的朋友們呼籲，你的人生掌握在自己手裡。當你眼裡只有悲戚，日子就會過得慘澹；若你願意找尋希望，你的生活就會出現陽光。

天助自助者，當你向外求援前，別忘了，老天也是願意站在你這邊，重點是，上天的工具不是別的，就是你自己，你必須自立自強。

心靈美善，世界就美善

本書我以陸配的身分，整合過往超過四十年的生命經歷，一方面想和讀者們分享我的人生故事，二方面也衷心希望，若有讀者在生活中碰到任何難題，好比說在家庭中碰到婆媳問題，在與人相處時碰到溝通不良，或者總覺得自己被困在日復一日的苦悶中，找不到出路，本書希望提供你一個找尋出口的指引。

但也請記住，所謂出口，本來就存在的。本書不是出口，而只是一份提醒，出口以及通往希望世界的鑰匙，其實就在你自己身上。

本書以一般人常常遇到的幾個容易挫折迷惘的領域作為切

入點，包含立志、職涯、婚姻及心靈成長等，分成幾個部分，以我人生真實經歷為主軸，以主題及故事分享的形式，歡迎讀者們可以將本書隨身攜帶著，有空時翻閱，不一定按照順序，翻到任何一個主題，都有可能帶給你某種啟發。

　　靜心思慮到此，外頭夜色已更濃，打理好身邊的東西，準備回家，相信我的丈夫在安頓好孩子上床後，正殷殷企盼我的歸來。於是我穿鞋踏出戶外鎖上門，外頭大街在皎潔月色下，一切美麗靜好。我相信，那也是因為我能用一顆美善的心看世界，所以世界回報給我的也是如此的美麗。

　　你的世界美麗嗎？或者仍有許多黯淡？開啟美麗世界的鑰匙就在你身上，翻開這一頁，讓我誠心與你分享。

寫在前面
關於朱國榮
....

　　在和讀者分享前，讓我先簡單自我介紹，也讓讀者認識我的成長歷程後，更容易理解每個故事想要傳達的理念。

　　我是朱國榮，又叫朱金鈴，老家在湖北鄖西。幾個長江流域著名的旅遊景點：武漢的黃鶴樓、宜昌的長江三峽、十堰武當山以及神農架等多人嚮往的景點，都在我的家鄉湖北。

　　我現在的家是在臺灣，過往我在深圳、湖南都曾白手起家創立事業，現在我也在臺灣擁有一份事業。我和先生陳世濠育有三位可愛的孩子，住在苗栗竹南。以下是我的人生簡歷：

- 1975 ～ 1991 年

　　我生長在中國湖北省十堰市鄖西縣境內，典型荒郊野外的山村。我和家人更是住在偏僻遙遠的大山裡，那兒只有四戶人家，我家再過去，就是千百年來少有人煙的深山。

　　父親靠著耕田、砍柴、打獵及林產貿易維生，我家有幾塊薄田，還有一個窯爐燒木炭維持家中經濟。我上有五個哥哥，大哥年紀長我 24 歲，身為唯一的女孩，我算是爸媽的掌上明珠，但也必須很小就操持各種家務，未滿 10 歲已能掌廚做菜。

- 1991 ～ 1996 年

16 歲父親過世後，為了追求生計離家闖蕩。第一站先到十偃市鄖西縣城工作，從餐廳端盤子的服務生做起，後來轉戰旅遊業，參與業務服務性質工作。那時我才 18 歲，已從一個來自山村、學歷不高的小女孩，成長為一個手拿麥克風、可以為來自世界各國旅客講解山川人文地理、獨當一面的導遊。

到了 1996 年，我為了想要更認識這個世界，於是朝更遠的地方走，遠離湖北、遠離長江，由陸地往海洋出發，最終我去到了深圳，並在那累積我的第一桶金。

- 1997 ～ 1999 年

來到南方，在當地無親無故的我，依然由端盤子的服務生做起。從最早語言不通，幾乎連生活溝通都有困難，化不可能為可能，我用了三個月的時間，看電視學會了廣東話，後來逐步融入這個城市，靠著認真、負責、努力的工作，也因服務能力備受肯定，最終在餐廳升上了主管。

但彼時的我已經視野開闊，想要嘗試不同的發展可能，於是在貴人帶領下，初次進入貿易圈，也是由最基層的打雜行政助理幹起，透過自我努力摸索學習，在很短的時間裡，我就抓到了做生意的竅門。就在 2000 年以前，我已經自立門戶，擁有自己的貿易事業，年收突破人民幣百萬元。

- **1999 ～ 2003 年**

那是青春正盛的年代，配合大時代的背景——中國經濟起飛，多邊貿易蓬勃，20 幾歲已是春風得意的女老闆。

那時我手中的金錢來去如流水，賺得快花得也快，但我從不擔心未來，也曾經與人合夥開餐廳，後來又經營美容 SPA 館，前者失敗後者成功。但日子就這樣無憂無慮的過，有陣子還沉迷賭博，有些醉生夢死的調調。

賭博那段很短的經歷，是因為我個性不服輸，每次賭牌輸了總想扳回一城，但也如同電視、電影經常上演的劇情，越不服輸下回就投入更大的賭注，說實話，若不是後來發生了那件事，我可能會繼續沉淪下去。

哪件事呢？說起來老天也待我很好，是怎麼個好法呢？原來，上天讓員警出馬了。那一天我在賭場裡手氣不好，當時已經輸掉 6 萬元人民幣了，這其實是不小的金額，對一般上班族來說，可能是半年的薪水。總之我當天輸到口袋空空，卻仍沒有放棄，但因沒賭資了，所以只能當旁觀者。忽然間，門外衝進來許多員警，在一片混亂中，只聽到員警高喊不許動，伴隨女人的尖叫聲，再之後，我就跟一群賭友們全進了警局。

我大聲喊冤，說自己當時並沒有下場賭，只是在一旁觀看而已，但不論如何，人在現場就脫不了關係。我跟其他人一樣，整整被關在拘留所三天三夜，忍受了三天三夜的吃睡不便，以

及蚊子的叮咬折磨。就在那三天三夜裡，被關著的我才徹底醒悟，我問自己：「天啊！國榮，你到底在做什麼？怎麼讓自己淪落到這田地？」

從此，我便立誓不再賭博，此生也不再犯。拒絕賭博，從我做起！希望那些還深陷賭博、無法自拔的賭友們，遠離賭博，不要等到輸到傾家蕩產、家破人亡才去後悔！

至今我依然發現很多年輕人，無法清楚界定好「錢」這件事。首先第一個要記牢，錢只是工具，不是目的。若以為人生就是為了追求錢，這樣的思維是必須更正的。

再者，關於金錢，有幾個領域。如何賺錢是一件事，如何存錢是一件事，如何用錢是一件事，如何花錢又是另一件事。我看到許多人有金錢方面的困擾，肯定是以上四個環節中，某個環節或多個環節沒做好。例如有人不懂得賺錢、有人不懂得用錢投資理財……等等。

本書不是理財書，但仍要提醒讀者，善用金錢對一生發展很重要。

- 2003 ～ 2006 年

直到 2003 年，SARS 疫情讓百業蕭條，這才打醒了我，讓我重新思考未來。身為一個女人，對我來說，人生除了事業，我更嚮往家庭。那年我擺脫職場女強人的形象，開始跟認識的

陳世濠先生，也就是我現在的老公，跟隨他搬去了中國東北。

陳先生經營事業，我則當個顧家女子。那些年也是我母親重病最後留在人世的幾年，我和老公悉心照顧母親，為了讓母親心無遺憾，我們也在 2006 年成了婚。

那段日子算是我沉潛的歲月，我思考很多，親人生病也讓我更珍惜人間在世的情緣。我後來陪著母親，在湖北的醫院走完她的人生。

• 2006 ～ 2009 年

2006 年母親過世後，我帶著患有精神疾病的哥哥和一個家鄉的孤單老人，給予他們最好的照顧。

當時為了照顧體弱多病的母親，我曾常駐醫院長達八個月的時間，剛開始為了想讓媽媽能在醫院安心養病，我都陪她住單人房，後來發現醫院有太多的苦人、生病沒人照顧的，還有因為沒錢繳交醫藥費，當天無情被拔針的，真是慘不忍睹。

後來我和媽媽商量，把她轉到七、八個病人一間的病房，雖然吵了些，但原本善良的媽媽拍手叫好，轉來這裡不是為了節省醫療費用，而是發自內心想幫那些沒人照顧的病友，做一些你所能及的事。例如協助他們上廁所，或是扶著病人起身等等。在醫院的日子，我看到了生命的脆弱和金錢的重要，在那我也認識了很多朋友，我也算是他們的貴人。

當年大陸的醫院沒有健保，每天的醫療費大概都是人民幣300到400塊錢左右，在媽媽生病那段期間，我幾乎花掉了所有積蓄，最終身上剩下不到10萬塊錢的人民幣。即便如此，當機會來臨，我仍可以重新啟動創業魂。

　　這回我肩負一個使命，就是要照顧我家族的晚輩，要讓他們未來可以過更好的生活。因此，那年我從零開始，以一個女子身分，不畏艱辛，披星戴月，日夜奔忙，到全中國各省市鄉鎮跑業務。

　　我從無到有打造出一個五金行總批發公司，到我後來交棒時，我創立的九州標準件公司，已經是全中國五金總批發領域做得很大規模成功的企業。我也實現夢想，將我湖北朱家的子姪輩都引領安插到九州標準件公司來，到今天，這個事業依然經營得有聲有色。

　　即便事業很成功，但我的母性更強，這年我毅然決然將我一手創立的事業轉讓給家中子姪輩，後來也逐步出脫我手中的股份。我那時最大的夢想，就是當個母親。2009年，我跟著先生回臺定居苗栗，正式成為「陸配」。

• 2010年至今

　　2010年，我們透過試管嬰兒的方式，終於孕育了三胞胎，此後我的人生使命，就是好好照顧孩子。也在那段時間，我經

歷了一般身為媳婦都會碰到的婆媳問題，經由社團互動，也讓我瞭解在臺灣的陸配族群們發展的情況。

等孩子長大上學後，我的創業魂又開始蠢蠢欲動。但一方面我放心不下孩子，二方面身為陸配，在臺灣人生地不熟的，較難像當年在中國那樣創業。最終我選擇的新事業模式，是工作地點離家很近，照顧孩子較方便，並且只要在地小規模就可以經營的美容養生事業。

2013 年，我的第一家按摩護膚店在竹南開張，取名就叫「金鈴養生館」。因為服務專業，口碑載道，並且也很感恩朋友們的支持。從 2013 年開始，短短不到五年的時間，2018 年前我已經自己擁有了三家店面。

我雖不是什麼大人物，也不算成就什麼大事業，但我經歷過許多次的從無到有，另外包含事業、包含家庭等不同領域，我也都曾碰到挫折，並且在突破考驗後再創新局，我認為其中有很多的人生智慧值得與各位朋友分享。

最後，雖然市場上成功者出書非常多，但以陸配身分透過出書助人的並不多，因此我很樂意扮演這個角色，希望以自身的案例，也讓陸配朋友們，可以分享我的經驗。

接下來，就讓我開始陪讀者們進入一個個人生的課題。

目次

Chapter 1
人生立志篇

Chapter 6
生活智慧篇

Chapter 1

人生立志篇

你，立志了嗎？

如果一個來自偏遠山農村的女孩，
後來都可以做出一番成績，
我可以，你一定也可以。
以下是關於木炭女孩的故事。

我必須離開這個家

1992 年春天，大地一片蕭瑟，但我的心更加淒涼。

大年初八的時候，最疼我、愛我、照顧我的父親，在醫院病逝，頓時家中少了主要的經濟支柱。父親還在世時，已為上頭幾個哥哥人人備妥一個安家的產業，過往幾年，他們早已陸續搬走。等到父親葬禮過後，家中就只剩我和媽媽，以及一個從小就有精障問題的哥哥。

開春了，家中沒有健康的男丁，但農田仍需開墾。16 歲的我，在冷澀的空氣中起了個大早，備妥飼料先去餵飽家中的老牛，然後費力地將牛軛套上，後面也掛起讓牛拖著的耕犁。

朝露中我牽著老牛，準備啟動人生第一次的犁田作業。

但，我其實並不會耕田，更不懂如何駕馭這頭牛。只見那牛老大不耐煩，不想被我牽著鼻子走，我完全指揮不動牠，讓我內心著急不已，拚命在旁拉牠、拍牠。

瞬間，牛脾氣也上來了，身體大力一甩，往另一個方向跑去，我反倒被牠拖著跑，最終整個人倒臥在泥濘中。望著整片荒蕪尚無法耕種的泥田，我不禁坐在地上嚎啕大哭。

當眼淚流盡的時候，留下的應該是堅強。
靠山山會倒，靠人人會跑，只有自己最可靠。

就在那個跌倒時刻，我下定決心，我必須離開這個家。
在這個世界上，上天給你的真正禮物，就是透過命運給你一個比別人低的起點，唯有如此，才能激發你願意用一生的奮鬥，去做出一個絕地反擊的故事。
從那年起，我開始寫起自己的故事，這是關於獨立、關於勇氣、關於夢想的故事。想要告訴讀者：

經歷過磨難的人，
才是最有財富的人，
一無所有是一種財富，
它讓窮人產生改變命運的動力。

木炭女兒

　　如今我從小長到大帶給我許多美好回憶的地方，現在已變成了一片荒蕪，曾經在這裡有很多快樂的童年。

　　回想起在農村放牛、養豬、玩石子的日子，每天把自己弄成像泥娃娃一樣。小時候調皮搗蛋的我，很羨慕城裡的孩子，不過當時我們家在當地還算富有，相較之下我還是很幸福的。

　　記得小時候過年，都會陪著爸爸、媽媽去城裡辦年貨、買新衣。因為住的地方太偏僻，那個時候交通不方便，每次都還要步行二、三十公里才有公車，萬一運氣不好沒趕上那班車，甚至要走 50 多公里的路，有時腳都走到起水泡。

　　小時候和兩個堂哥堂弟一起上學讀書，每天早上天還沒亮，到處還是漆黑一片時，媽媽就已點著煤油燈幫我做早餐，那個時候我們那兒還沒有電。吃飽後背著書包要步行走十公里路，無論是刮風下雨，每天都是這樣來回。

　　最可怕的是，山中常常會出現一些大型的動物，例如山豬、山羊、狼、鹿……等等，有時會聽到牠們奇怪的叫聲，年幼的我們真的很害怕。

　　有時媽媽怕我們放學後走太遠會肚子餓，還幫我準備窩窩頭（也就是臺灣所說的饅頭）。

　　這樣安適的童稚歲月，一直到 16 歲那年我心目中的漢子

（我的父親）去世，我才被迫輟學。

懷念爸爸唯一的照片

那個時候的我，除了要幫媽媽幹農活之外，還要幫爸爸做他生前沒有完成的工作——燒木炭。

當木炭燒成成品後，要從窯子裡面把木炭挖出來，如果沒有按照時間處理，木炭就會化成灰，若這事發生，一切辛苦就白費了。最慘的是，這樣的時刻若發生在半夜，即使夜再深，我仍不得不摸黑出門上山。尤其是夜深人靜的時候，山上有各種動物的叫聲，真的讓我很害怕恐懼。

但不管心裡多麼害怕，
我還是要去完成我該完成的事，
我別無選擇，這是我的責任。
日後長大的我，也是抱持著這樣的心態，
勇敢面對我該做的事情。

來談談木炭吧！相信現代人已經很少接觸木炭了，更別說瞭解背後的製程。如今科技進步，木炭應該有更科學化的製造方法，但在我小的時候，依然還是靠燒木炭的方式。地點必須

是在一個地上看不到什麼雜草，放眼望去，都只能是原始森林的地方（很像是阿里山森林）。

我們要在一個這樣的森林裡面，用泥土搭建一個窯子，然後把樹砍下來，用鋸子把樹幹鋸成長短不同規格，然後擺放在窯子裡面，前後要個燒兩天一夜，才可以成為木炭。

木炭燒成後，這個時候就有專人來採購，透過人工用步行的方式，也就是靠人力及扁擔挑，平均每個人大概要挑 50 公斤的木炭。那時 50 公斤木炭能賣到 6 至 8 塊錢人民幣，所以一窯木炭大約能賣到 50 塊錢左右。

民工朋友從我這買木炭，然後運到城市賣給顧客賺差價。因為那裡氣候較冷，那個年代還沒有電爐，因此每當冬天降臨，對住在城市裡的人來說，木炭和煤是他們唯一可以取暖的東西，也是我們鄉下人可以發財致富的一個行業。

這樣的生活大概過了一年，我把賺來的錢留給媽媽和哥哥做生活費。在家鄉，大家都稱我是木炭女兒。

成長後的體悟

後來我從純樸的農家步入社會繁華，每一步都是我人生真正面臨成長考驗的開始。

記得剛到縣城找工作時，每個月的薪水只有臺幣 500 元左

右（三十五年前的 500 元幣值，相當於現在的 5000 元），還要給家人生活費，自己根本就不夠花，也沒有辦法生活。

有一次，在一個又黑又冷的夜晚，我和同事一起去偷拔別人種的菜，被地主發現，追著我們跑，結果我倆太緊張，居然跑到蓮藕池，鞋子被淤泥陷住，全身都是爛泥巴，只好光著腳跑回家，連腳都受傷了。明知道這是不對的行為，但當下真的是被生活所迫，只好出此下策。

看到這兒讀者一定覺得好笑，那個時候為了溫飽肚子，可是真的很幼稚與無奈。

從那天以後，我告訴我自己：你一定要好好活下去。

為了媽媽和哥哥，我開始拚命工作，有時都會接兩、三份工作，那時除了在餐廳做服務生外，我一旦有空，也會去菜市場幫忙攤商卸貨、裝貨或幫忙收攤之類的，雖然錢很少，但總比沒有好。每天工作十幾個小時以上，漸漸的生活才有了改善。

當我累了，我在心裡對自己說：「我會好好疼惜自己的身心。」哭一哭，又是一個新的開始。

有時候難免感到身心俱疲，此時我會聽聽自己內心的聲音，試著與自己內心、身體、腳部、背部對話。

「今天你辛苦了！對不起，都沒有好好的照顧你，請原諒我！我有時忘了你，謝謝你為我付出，我愛你！」用這一類的

話鼓勵著自己……

　　相信發生在自己身上的任何事情，
　　都要找到背後苦難的禮物，
　　苦難背後一定會有禮物和驚喜。
　　不要輕易投降，找到背後的理由，
　　當你找到背後禮物的時候，
　　你有可能瞬間從黑暗變成光明。

　　每個人的過往經歷不同，以我來說，因為小時候生活環境上的磨練，加上或者我後來不斷上課學習，聽老師勵志演講，以及看到令你敬佩的成功典範，引發自己的雄心壯志。

　　也有人是在路上看到窮苦人家心生不捨，於是發自內心要幫助弱勢。不論如何，大部人都是因外界的刺激，才讓我們「自動自發」想要立定志向，完成一些事。

　　無論如何，我認為就算是三分鐘熱度的立志，也比一輩子渾渾噩噩得過且過好。人因立志而偉大，立志了，那一

那時純真的我

刻起，世界就改變了。

以我自己來說，從我 16 歲那年立志後，就不再是山村純樸無憂無慮的小女孩了。我知道我必須挑戰自我，走出自己的人生。往後的日子，我也的確一步步走出一條過往以前想像不到的路。

建議大家從現在起，多多去嘗試不一樣的人生，去接觸不同的人事物，最簡單的方式包括閱讀跟旅行。另外，可以參與社團及開拓多元化經營人脈和興趣等等，如此，就有更多的機會讓自己的大腦活動。

多聽多想，
然後在腦海中種下想要改變、想要突破自我的種子，
這就是立志。

當年的我可以說被環境所迫，立志要追求更好的生活，那個志向非常強烈，並非三分鐘熱度，因為直到今天，我都還記得當年那個坐在泥濘中哭泣和在山林裡恐懼害怕的我。

我告訴自己，我受夠了，我要外出打拚。

那麼，親愛的朋友，你受夠了嗎？或者你對生活現況很滿意，暫時不想改變？抑或談不上滿意，只是不知如何是好？

在啟動所有未來新的發展可能前，
立志，是你必須先思考的，
沒有野心，說明你不夠窮。
此時此刻，立志吧！

別在最能吃苦的時候選擇安逸「舒適圈」

我這一生，幾乎每個重要的轉折點，
都跟跳出舒適圈有關。

不要沉醉於呵護的環境，要勇與挑戰想要的未來

　　第一次跳出舒適圈，我從一個從小被家族長輩們呵護的女孩，要外出到人生地不熟的城市打拚。

　　要知道，我的情況在我的村子是特例，在那個年代，絕大部分女孩子的「本分」，是在差不多 20 歲左右找個當地的對象嫁了，往後一生扮演好賢妻良母的角色。我所在的村落其實觀念很保守，乃至於我當初說要去外頭城市闖蕩，還被村民在背後指指點點。

　　之後每一次職場轉換，都必須要求自己跳出舒適圈。

　　你是否願意打破慣性的舒適圈？改變慣性需要賜予新的力量，一旦形成慣性，慣性本身就會有力量，習慣成自然，任何東西一旦成為習慣，就會變得容易。

改變舊有的習慣、建立新的習慣要不要練習？

要！慣性就是習性。

舊有的習性有沒有可能復發？

會！請問你有沒有像想去改變舊習性那樣，

去改變自己舊的生命方式呢？

　　關於舒適圈，也許有人有個誤解，以為只要轉換，好比說換工作就叫跳脫舒適圈。並不是這樣的，如果職場混不下去才離開，那樣並不算。我自己轉換跑道的情況是：我在前一個職場位階，做得很出色，但我卻願意毅然決然讓自己歸零，重新挑戰新的事項。

　　每個人對未來都是有恐懼的，但你自己不去改變命運，就會被迫讓命運改變你。也許過程中會有很多不適，但那些所有的不適，都是為了讓你做到兩個字：「改變」。

改變你的信念。

改變你的慣性模式。

改變你的習性。

改變你的行為模式。

改變你的生活的一切。

可是我們常常面臨最大的問題是害怕改變。因為改變後，接下來就是未知，所有人把未知當成恐懼，而且整個世界瀰漫一股氣氛，大家都害怕改變、害怕未知，明知舊模式讓你越來越跳不出來，卻仍沉迷過往不可自拔。

宇宙當年讓習慣變成方便，可是到後來變成了我們的習慣、變成了我們的惰性，理性會自我欺騙。我們很容易為自己的慣性找 100 個理由，讓我們習慣原來的模式，一旦習慣形成了模式，要去變動就很不容易了。

改變需要力量，就如同讓一個靜止的東西移動，必須施以外力。相對來說，一個正在移動的東西，只有必須改變方向時才需要外力，每當改變外力的施予，就會形成改變。

任何改變都需要一種外力，
不去面對這些力量，
你的慣性不會改變。

改變慣性需要賜予新的力量，
太多人對於改變心懷恐懼，
可是無常就是改變！

我的人生就是一頁頁挑戰史

　　我從熟悉的城市湖北十偃市，去到了南方深圳；我從原本擔任主管的餐廳，轉職去當時一家小貿易公司當助理；我從原本有豐厚的月薪，勇敢挑戰自己來創業；還有後來結婚後，我也是從本來可以好好待在家裡的家庭主婦，卻主動去挑戰全國各地拜訪陌生廠家的業務。最終我更是從中國來到風土民情截然不同的臺灣。

　　如今回想起來，我的人生就是一次又一次的自我挑戰史，這也因此造就了我精彩不凡的人生。

　　佛陀於 2500 年前曾經說過：「只有不斷地改變才是宇宙真理，其中變中有不變，不變中有變，世界上唯一不變的其實就是變。」你的人生，若已形塑一種慣性的人生，某種角度來看，宿命就是一種悲哀。

　　問問你自己有多少個理由在抗拒改變？
　　頭腦是有趣的、狡猾的，
　　我們不要再被自己的頭腦欺騙了，
　　我們很多人之所以人生沒有突破，
　　賺不到錢、生活沒有改變，
　　就是因為你在舒適圈待慣了！

然而什麼是「跳出舒適圈」，又到底該如何「跳出」呢？

雖然「跳出舒適圈」大部分被用在鼓勵「賺取更高收入」，但真正的應用範圍很廣，其實，任何「改變過往的自己」都叫做跳脫舒適圈，包括改變和家人的互動關係、改變自己長年的飲食習慣、嘗試去接觸過往不敢接觸的運動項目等等，都是一種勇敢的「跳出」。

甚至，跳出舒適圈也不盡然是代表財富增加，例如有原本領取高薪的企業主管，跳出舒適圈去追求自我，最終成為心靈導師，畢竟，財富並非衡量每個人人生使命的唯一標準。

基本上，「跳出」有兩種方法，一種是主動覺醒的跳出，一種是被外界所迫的跳出。

以我自己來說，當年 16 歲的我，過往對外頭世界是寬是長根本都沒見過，後來勇敢搭乘巴士，連明天該住在哪裡都不知道，就這樣從深山來到大都市，那真的需要很大勇氣的跳出。但以背景來看，我也是被環境所迫。

到了後來，我有了許多職場經驗，那時候我經過深思熟慮，在重要時機來臨時做出的「跳出」，才是主動覺醒的跳出。

關於跳出舒適圈的建議

　　這裡我想要和讀者朋友分享：我們不要為跳出而跳出。

　　好比說，一個人覺得他年復一年、朝九晚五的上班模式看不到未來，他想要突破這個現況，但如果單單只是遞出辭呈，卻不知道下一步要做什麼，這樣雖然也可以說是「跳出舒適圈」，但若沒後續規畫，整個流程並不圓滿。

　　就好像我們閱讀的童話故事中，王子騎馬去城堡救公主，他總要有個目標吧！這樣才有「冒險」的後續精彩情節。

　　在此，建議跳出舒適圈的步驟：

1. 覺察自己

　　認清自己所處的狀況，是你想要的嗎？這狀況有好的未來嗎？不論是職場、志業，乃至於婚姻關係都適用。

2. 建立願景

　　如果你不喜歡現狀，那是什麼原因，是錢太少？學習有限？還是根本就志趣不合？要先確立這個部分，再來找答案。

3. 尋找選項

　　當找出你的願景，好比說希望賺更多錢帶給家人幸福，那

麼據此就有選項，包括可能去從事傳直銷、去做高業績獎金的銷售，或者跟朋友合資創業等等。每一種選項都是冒險，而你必須先離開現在的狀態，也就是，這時候你要遞出辭呈，這樣才有意義。

4. 接受挑戰

前一個階段，你真的跳出舒適圈了，可能你離職了，也可能你結束一段不愉快的婚姻關係。但接下來呢？必須告訴各位讀者，人生充滿挑戰，我無法保證你跳出舒適圈後，未來就是康莊大道。事實上，很多人因此失業負債，並且面對很長時間的生活痛苦。

重點是，即便知道未來的結果可能成功也可能失敗，甚至失敗率高於成功率，你還願意跳出舒適圈嗎？

提示一：人生只有一次。
提示二：潛能是被逼出來的。

然而最終，決定權還是在自己手上。
我想當我們決定跳出舒適圈的同時，也就喪失了最初的純真。但這又是人生必須面對的兩難課題：你是要安分守己守住

你的本業，還是要突破自我設限，創造新的未來？而如果跳出舒適圈，是否代表你將永遠回不去曾有的單純？這些課題，當年的我沒有答案，當然現在我已經有自我的想法了。

人生如何抉擇？這裡我先不說出我的看法。

午夜時分，若你對自己的人生處境感到困惑，不妨試著自我審視。

解答，不在導師的話語裡，而在每個人自己的心裡。

人類為什麼會進步？因為小的時候我們對未知不是感到恐懼，而是感到好奇，是好奇心讓我們不斷向前走，不斷發展。小孩對所有的一切都是好奇而沒有恐懼，但是當長大了以後，我們處處充滿恐懼，我們只敢在我們的舒適圈裡，不敢跨出腳步去我們沒有去過的地方，我們對未知有所恐懼，恐懼讓我們裹足不前。

但是你有沒有想過，你如果不敢去拓展未知領域，怎麼可能去得到你想要的人生呢？走出自己的舒適圈，要敢於改變，敢於走出去，這樣的人生才好玩啊！這樣的人生才有意義！你之所以不成功，那是因為你還沒有進入自己的軌道，因為你不敢踏出那一步。

因此，若想要成功，
要敢於走出自己的舒適圈！

原生家庭帶給我們的影響

原生家庭最可怕的地方，就在這種強大的延續性。
如果我們在原生家庭裡受到的創傷沒有得到療癒和成長，
那麼就很可能在自己孩子的身上重演悲劇。

家庭帶給一個人的影響

　　每個人都來自不同家庭，很少有人一輩子的性格未受到成長環境影響的。就像有些父母對孩子脾氣很差，動不動就是又打又罵。孩子長大了之後，發誓自己絕對不對孩子發火，結果每次孩子一做錯事，他就控制不住自己的壞情緒。還有些孩子從小就與父母關係冷淡，等他們長大後，想要和孩子親近，卻發現自己和孩子的關係越來越疏遠。

　　這並不是因為他們不想對孩子好，而是他們不曾在原生家庭體會到好的親子關係，所以也不知道該如何與孩子好好相處。想要改變，就必須經過長時間的學習和成長。

　　在我童年時期，與我命運最相關的一件事，可能就是我早出生了那麼幾年，因為差不多在我出生後沒多久，中國就開始

推展一胎化政策。如果再晚個兩、三年，就不會有我這個女孩問世了。

雖說人定勝天，但我相信這世上，先天的條件，包括出生時的環境以及成長背景，的確影響一個人深遠。

以我來說，我的許多觀念，包括樂天的心境和有點小小的不服輸性情，都在小時候就建立了。後天的努力雖可改變命運，但的確有點難度，好比像我這樣的山村女孩，後來可以自己闖出一番事業，那也是因為經歷過許多磨練，以及碰到許多的貴人。

先來說說成長環境對我的影響。

我雖出生在偏遠的小村落，但後來卻可以自己做生意，這多多少少受到我父親的影響。在我們那個村莊，包含我家所在的那個偏遠四戶小村，以及其他幾個山村，加起來一、兩百人中，我父親是在地公認的能人。他的賺錢能力最好，在地方講話也有一定的分量。相對來說，那個年代，很多村民都是在湖北十堰最知名的企業，也就是東風汽車上班，我父親走的卻是較多元的工作模式，他會做生意，會尋找新的商機，這點我也得到一些些遺傳。

至於母親這邊遺傳給我的，就是她那包容的愛。小時候，父親經常在外打拚，家中所有的事務，包括教養小孩還有協助農事，母親也是很操勞的。她當時甚至還協助照養小姑，這個

小姑，也就是我父親的小妹，一出生沒多久我奶奶就去世了，後來是在我媽媽的照養下長大成人的。此外，我的一個哥哥小時候因為發高燒，而我家又太偏遠，當時的醫療也不發達，竟延誤了就醫，導致終身的遺憾。為了照顧這個智力受損的哥哥，我母親也花費了很多心力。但不論有多少困難，她總是用愛與包容來面對這一切。從小耳濡目染受她影響，這也多少造就了我有顆敏感的心，並懂得對人付出關懷。

錯誤的金錢思維，來自成長環境累積的負面觀念

父母能夠自然給予孩子的愛，通常是他們從自己父母那裡得到的愛。

做為一個母親，如果我從我的父母那裡得到很多愛，我對孩子的愛就會很自然的流動；如果我沒有從自己的家庭得到足夠多的愛，那麼就很難把愛自然的給予孩子。

我曾在《生命的重建》這本書中看到一些「與錢過不去」的限制性信念，包括：錢是醜惡、骯髒、邪惡的；我很窮，但是我很清白；我永遠不會找到好工作，永遠賺不到錢；賺錢是很困難的；我不夠好，不值得擁有……

通常那些在物質上過得拮据，或者是擁有財富也始終感到匱乏的人，大多都有以上的某種或幾種限制性信念。

　　而這些信念，往往都是在他們的原生家庭和成長環境裡塑造而成的。

　　就像有些父母一味地要求孩子節儉，總是跟孩子說：「賺錢不容易，你省著點花。」久而久之，孩子的心中就很容易產生一種強烈的不配感，不敢花錢，不敢對自己好，甚至變得非常自卑，總覺得自己不如別人。

　　還有一些人，因為童年的一些遭遇，會對金錢有一種強烈的抓取欲，總覺得只有金錢才能帶給自己足夠的安全感，於是不惜一切代價想要得到更多財富。

　　金錢的意義應該是讓人過得更幸福，但是對於這樣的人而言，哪怕他從外在得到的再多，也始終無法填補內在的匱乏。

　　如何療癒原生家庭創傷，活出愛與力量？

　　原生家庭會影響人的一生，如果童年時受的創傷沒有得到療癒，那麼就會讓成年後的我們依然陷在這個限制之中，並且越陷越深，苦苦掙扎。

　　所以，出於對自己負責，並提升生命質量的目的，療癒原生家庭創傷是非常重要的一課。因為無論是親密關係、親子成長、自身性格特質，還是你和金錢的關係，一個不曾療癒原生家庭創傷、擺脫父母束縛和控制的人，是註定不可能真正做自己，不可能擁有自己的人生的。

掌握人的三次出生

幸而原生家庭之痛並非無藥可解，人的一生有三次出生。

第一次出生，是精子與卵子的結合，創造了一個生命；第二次出生，是母親把我們生下來，進入一個已經存在的家庭系統；而第三次出生，就是我們成為自己的決定者。

對於前兩次出生，我們根本沒有選擇的權利，但是第三次出生，卻可以完全由自己掌控。

每個人都傾盡一生在找尋自我的定義，或許探尋內心的路遠比走向外界的路更加艱難，但我們都需要一些勇氣去療癒心中的那個「家」。穿越原生家庭中的愛與痛，與內在父母和解，然後完成那個追尋幸福快樂的自己，重塑自己的人生。

可以說，以下所列的元素，分別造就了「我」。

1. 成長的環境（物資不便的山村）

- 大自然造就我樂天開朗的脾性。
- 凡事動手做養成我勤勞不抱怨的習慣。
- 成長的經歷讓我懂得去照顧人。

2. 能幹的父親

耳濡目染下我也學會父親的種種，包含做生意以及為了謀生努力找方法。

3. 慈祥的母親

在我內心深植對家人愛的付出，小時候從沒看過爸媽吵架。

以上所列特質，包含樂天、勤奮、生意頭腦、關懷與愛人能力，構成了「朱金鈴」這樣一個人，然後還要加上後天的學習成長，才能讓我在日後創業有成。

然而，這算是「天命」嗎？也就是說，我出生時候所具備的元素，影響我的一生。其實不是這樣的，事實上，若每個人都來盤點，一定都可以條列出很多正面的元素。讀者也可以試試，比照我的方法，請您列出：

- 出生的環境造就你什麼？
- 爸爸或兄長帶給你的影響。
- 媽媽或姊妹帶給你的影響。
- 其他在你成長過程帶給你正面影響的元素。

每個人一定都列得出來，只是也許在今天之前，你沒有用心想過這件事，同一件事，本來就有不同的解釋方法。

曾有一對雙胞胎兄弟，在少年時期因為家庭因素，分別被不同親戚領養。其中身為哥哥的，後來成為信譽卓著的司法官，而身為弟弟的，成年後卻長期在監獄與吸毒陋巷間往返。

問哥哥如何能擁有今天的成就，他說，要感謝小時候的家庭成長背景，因為父親早逝，母親撫養他很辛苦，讓他很早就成熟懂事，願意承擔責任；問弟弟為何走到如今這樣的難堪境界，他說，都要怪小時候出生環境不好之賜，從小就少了父親的教導，家庭也感受不到溫暖，讓他後來行為走偏了。

怎麼會這樣？明明這兩人有相同的遺傳基因，小時候成長環境也一樣，但最後卻成為截然不同的兩個人？

所以，關鍵還是在自己。

同樣一件事，可以視為是正面的磨練，也可以視為是負面的折磨。一路走來都負面思維，後來就累積成負面的習性，以及一輩子的誤入歧途。但這樣可以怪罪給原生家庭，以及小時候的成長環境嗎？這值得每個人深思。

現在我們盤點完自己的過往，好好想一想，那些是曾經帶給你成長，值得珍惜的「擁有」，還是午夜夢迴時不願想起的「負擔」呢？

站在時間軸上，

每個人都是由一個個「過去」所堆積，

今天的你，來自過去的你，

這點無可抹滅，就算低著頭故意不承認也沒有用。

唯有正視自己的成長路途，

並且用正面思維看待，

這樣，我們立志向前才有根基。

那段逝去的愛情：感情與人生的關係

一直覺得，愛情是很走心的字眼。
不管是少時懵懂的愛，還是成年後理智的愛，
都逃不過現實與一生的，愛情絕對是首當其衝的一種。

人人都必須成長

年少時的愛情是羞澀而單純的，因為純粹的喜歡，我們可以毫無保留地去愛一個人，這種愛情大多沒有結果，卻可以在心園裡開出最美的花。單相思也好，相互喜歡也罷，都是最真的美。

回想起初戀那時帥氣的他，騎著腳踏車載我穿梭在崎嶇不平的鄉間小道上，我坐在腳踏車的後座，摟著他的腰那種感覺，真的很甜蜜和幸福。

記得那時當我家人生病時，他也曾來探望並陪伴著我，發自內心的感謝他陪伴我度過那段最痛苦的日子。

只是那時的我，已經逐漸聽到來自外面世界的呼喚。我原本只是個鄉下女孩，跟廣闊世界距離遙遠。有時聽著那年剛流

行的王菲，當那首《執迷不悔》歌曲迴盪著愛情意境優美旋律，
17 歲的我內心想到的不是愛情，而是我的前途。「我還能用
誰的心去體會，真真切切地感受周圍，就算疲倦，就算是累，
也只能執迷而不悔。」

　　最終，我沒有留下來編織公主與王子過著幸福快樂日子的
劇情，我追求的是更遠大的志向。我知道，有些事我必須捨棄，
我必須走出去。

　　這似乎也是每個人成長時期會有的一些故事：是否當初你
曾有個青梅竹馬的戀人？是否曾經你跟同窗兩小無猜，那記憶
甜蜜蜜喜滋滋的。但為何當時的那些童話，後來都沒再編織下
去了呢？

　　因為人都必須成長。

　　就像一個小學生，再怎麼留戀他習慣六年的操場與教室，
還有讓他感到依依不捨的導師和同學，他都依然必須畢業離
開，往下一個人生階段邁進。

　　有人要問，如果當初留下來了會如何？人生事難預料，也
許，當年我若留在湖北山村結婚生子，也有可能過著只羨鴛鴦
不羨仙的生活。不過既然沒人可以搭乘時光機回到過去，這樣
的臆測永遠沒有意義。

　　真正發生的事是，我選擇離開山村，斬斷那段淡淡情愫，
往陌生的城市邁進。

使命感讓我繼續前行

　　當年還是少女的我，絕對沒有成熟穩健到可以看清世局，實際上，當年離開時，我的內心只有滿腹苦楚和茫然。之所以感到苦楚，一方面是因為才 10 多歲的我，自小到大從未自力更生謀生計過，另一方面，也是讓我備感壓力的，是來自村裡人們的眼光，甚至許多不加掩飾的冷嘲熱諷，包括自己的親族也是一樣。

　　然而就算我的離開得不到認可，我仍毅然決然地收妥行李，要往人生地不熟的未來邁進，只因心中一個單純卻很強大的信念：我發誓這輩子一定要致富，要媽媽和弱智的哥哥過好的生活，我這一輩子一定要成為有錢人。

　　這時候的你，如果內心沒有像我當初有著強烈「我要成功回來好好照顧我母親」這樣的聲音，可能就真的會被羈絆住難以前進。

　　所以，你內心是否有一種強烈的關於使命的聲音呢？

　　「使命感」，好像遙不可及，但卻又驅動著我內心深處改變的渴望，以及正向成長的驅力。人們在追求「自我實現」的時候，將使命感轉為自己的信念之後，勇往直前地追尋，面對眼前的每一個挑戰，心存善念，盡力而為。

　　生活是一件艱難的事情，追求自己想要的生活更是如此，

因為你不但要有勇氣面對他人的質疑，面對世俗的挑戰，更要
有勇氣面對自己可能一事無成的後果，做到了也許無人鼓掌，
但做不到卻有可能淪為他人茶餘飯後的笑柄。敬那些敢於打破
常規的人們，敬他們敢於承擔後果的勇氣。

　　「勇氣」一直讓我遇見不同的自己，
　　一直讓我不斷的成長。

行善與成就事業的關係

許多人煩惱為什麼沒有人幫助自己，
為什麼自己的人際關係不好，
那是因為他們始終不明白，
幫助他人這件事，能夠替自己帶來什麼。

好心有福報

幫助他人不應該只歸類為一種付出，它更是一種獲得，
因為人們傾向於幫助曾經幫助過自己的人，所以當你幫助別人
時，你也正在幫助你自己。

當你付出時，其實你在獲得，
幫助的人越多，等於幫助自己越多。

當初離開山村，我曾立誓將來事業成功要回來照顧家人。
在我離家大約五年後，我已有能力好好照顧家人，到了 1999
年，我更是行有餘力，回到老家把住在大山裡的母親和哥哥，

都接到生活條件較好的城裡住。同一時間，我甚至也照顧兩位從小看我長大的鄰居，因為他們是沒有兒女的孤獨老人，這一照顧就是 20 幾年，直到他們安享天年離世為止。

記得小時候，這兩位鄰居有好吃的總會留點給我，有時在農忙的時候也會主動來幫我們耕田，真的很謝謝他們當時對我們家的照顧。記得以前我每次要離家時，他們都會送我走好遠好遠，一邊走一邊叮嚀著外面有很多壞人，要我注意安全。再後來，我們真正要搬離老家時，心裡不捨他們老人家獨自待在大山裡，經過反覆思考後，決定帶著他們一起走出那個杳無人煙的地方。

剛開始怕他們不習慣和我們一起住，所以先安排他們住在一家養老院，那裡有很多同伴。然而金窩銀窩比不上自己的窮窩，在農村忙碌習慣了的鄰居，最終還是回到大山裡，從那以後，我每個月除了固定給他們生活費之外，每次只要回老家，我都會步行十五公里去看他，直到他們離開人世。

我不是居功求報的人，
但真的覺得這世上冥冥中有股力量，
會依附在願意行善敬孝的人身上。

像我這麼個只有小學畢業、來自山裡的女孩，沒學過科班

商學，但後來做生意卻經常遇到貴人，甚至不誇張地說，儘管生意有起有落，但我從不認為賺錢是件難事。臺灣俚語說：「天公疼憨人。」我肯定上天對我的幫助，我是求善固執的女子，一個力爭上游的憨人。

在內心建立善意正向的聲音

20 幾歲時，我已經算是個事業有成的女人。

每個人在實現夢想的過程中，可能會面對自己或是他人的質疑，特別是正在打拚事業階段，但設立的目標尚未完成時，腦海中更是有不同的聲音彼此糾結著，有的聲音會喊著：「算了啦！要不要就放棄了……」當那樣的時候，你能不能夠繼續堅持下去呢？

生活是自己的，所以需要我們去實現自己的夢想，因為只有堅持遠大的人生理想，才不會在生活海洋中迷失方向。

除了自己努力外，有些「超越人力」的事，雖然科學無法驗證，但依然要無怨無悔地做到，例如常聽到的一句話：「善有善報，惡有惡報。」這是真的嗎？老實說，無法確認。但不論如何，我寧願永遠秉持著善念，只要行有餘力就一定去幫助人。然後如前所述，後來在生意上常遇貴人，讓我創業有成。

說起來，像《祕密》這本書介紹的「向宇宙下訂單」，何

嘗不是很「玄」呢？這也是超越科學可以驗證的範疇了。但多年來已有數十萬人因為接受這樣的信念，改變了他們的人生。

對我來說，我雖然不是刻意求回報，
但內心裡我總是相信，
當我們付出一個善意，做出一個善行，
就會在宇宙中傳達出一個正能量的漣漪，
而我也相信正能量吸引正能量，
也因此，這些善念善行，
最終都會由宇宙發散回到我的人生。

我鼓勵讀者，有機會的時候總是要幫人，所謂「幫人」的前提，不是「有所求」。例如當初我就是一個強烈的念頭，將來要好好照顧母親，要照顧鄰居孤獨老人，後來還終身照顧我那位有精神障礙的哥哥。我沒有想藉此博得美名，也沒有想要被頒什麼獎，純粹就是一個善念。

但當我這樣想的時候，自然而然的，人們就會願意接近我，為什麼呢？各位讀者可以自己試試，當你腦中想著怨恨某人，想著公司很糟、老闆很苛刻，想著如何去報復誰誰誰時，你並沒將想法講出來，也沒有發諸文字，明明什麼都沒說，但你就是會散發出一種「令人不想靠近」的氣場，那種氣場難以

筆墨形容，可能類似第六感吧！

　　人和人相處就是可以感受到，某個人「怪怪的」，某個人不真誠。相對來說，有些人就是讓人特別願意接近，若有資源也優先給他。我相信一個心存善念的人，就是會散發出正能量的磁場，吸引人們靠近。

　　因此，我要鼓勵想創業的朋友們，心地善良、做善事，真心關懷家人朋友，行有餘力多投入公益事業。

　　就算不一定對事業有幫助，至少，內心得到快樂。

　　人生，不就是要快樂嗎？

Chapter 2

職場上進篇

人人都有菜鳥的階段

當初我擔任導遊，就算自己從來沒去過的景點，
也要透過熬夜背資料，
讓自己面對客戶時，
可以如數家珍的講出景點背景。
這是一種態度問題，
你願意讓自己「很像專業」，
為此你就會加倍付出學習，最終就真的會變成專業。

用心，讓我變成專業導遊

在現代，如果要從事導遊工作或者投入旅遊相關業務，都已經嚴格要求必須取得證照。但在 1990 年代，像湖北這樣的內部城市，還沒有那麼多現代化的文明規定。所謂導遊小姐，當時的基本要求是「敢說、敢做」就好，畢竟旅行團一團可能二、三十個人，大家都要聽導遊的，怕生的、沒自信的，那可不行。

我本身對旅遊的知識專業當時肯定是不夠的，事實上，很多景點我根本就跟其他遊客一樣也是第一次去的。但我怎麼

帶團呢？就是秉持著認真態度，我把旅行社提供的旅遊景點資料，硬是背得滾瓜爛熟，就好像自己已經是資深的在地人，保證對每個景點如數家珍。

每個月經常就帶著擴音器，拿著小旗子，帶著一團又一團的遊客，遊歷湖北著名的三峽諸景點，一次、兩次下來，我也真的對那些景點熟悉了。

當時兩岸已經開放探親，但除了老兵回鄉尋根外，臺灣前往旅遊觀光尚未普遍，主要接待的還是大陸其他省份的同胞，以及少數外國來的朋友。我這個連中學都沒有念的女孩，怎可能會說英文？但反正就是「兵來將擋、水來土掩」，我什麼狀況都不怕，就算比手畫腳，也保證做到把觀光客好好招呼到、旅途平安且行程惬意。

也因為我把本分的工作做得很到位，後來才有機會轉戰其他職場。

相信每個年輕人，或者就算不是年輕人，只要初次踏入某個行業的人，都會碰到一個問題，那就是「資歷不足」。

打開各家公司應徵人力需求，往往都會要求「至少 X 年經歷」。但一個能力再強的人，最初也是從零開始啊！如果什麼工作都要求足夠資歷，新人肯定什麼工作都找不到。

解決方法是什麼呢？

第一，為了累積資歷，許多人只能從小公司或條件不佳的

職場切入，然後慢慢累積工作年資。

第二、一開始就加入挑戰性很高的行業，有助於累積職場經歷。

無論如何，當有機會從零開始的時候，一定要好好把握。

身為新人，可以預見的兩大狀況：

- 什麼都不懂，需要虛心求教。
- 處在低層，更要懂得稻穗哲學。

每個行業都是這樣，身為最菜的新人，可能就會面對各階層長輩的「厚愛」，大家都來使喚你做事情，甚至也可能有職場霸凌。這時候的你該怎麼做呢？是要整天抱怨社會黑暗，然後處在受害者情境，還是趕快加強實力，做出成績給大家看？所謂稻穗哲學，就是「愈成熟的麥穗，愈懂得彎腰」。這不是要你委曲求全，但要做到謙卑恭敬，身段放軟，學習機會就越多。

忍一時風平浪靜，退一步海闊天空，忍就是會理會化解，用智慧、能力讓大事化小、小事化無，有了忍耐，才可以認清世間的善惡是非，甚至接受它。

回憶那段導遊歲月：聽見內心的聲音

當一個人渾身充滿幹勁的時候，
夢想不需要理由。
就是需要你身上的那股勁，
所以我決定放棄我最熱愛的工作，
邁向中國最有發展的經濟特區——深圳，
我要成為一個有錢人。
想是問題，輸在猶豫，做是答案，贏在行動！

那個胸中有夢的女孩

擔任導遊，在別人眼中，我是個親切、年輕又漂亮的女孩。但我的工作其實挺苦的，別人是在觀光，我可是扛著二、三十人的責任。那時搭長江遊輪，我是 24 小時待命，有的團客就是夜晚不想睡，我還得陪他們一起在船上唱 KTV，長江波瀾壯闊雖是美麗的，但同樣的風景重複看許多次，也終究會感到無趣。

那年代三峽大壩尚未完工，但已經開始進入工程期，再過幾年，三峽風景已然不同。但在我當導遊那年代，仍是傳統風

景，也仍看得到縴夫辛苦地以人力拉船。

當大夥都在船上唱那首當年最流行音樂：

《縴夫的愛》
男：妹妹你坐船頭
　　哥哥在岸上走
　　恩恩愛愛縴繩蕩悠悠
女：小妹妹我坐船頭
　　哥哥你在岸上走
　　我倆的情我倆的愛
　　在縴繩上蕩悠悠噢…蕩悠悠
　　你一步一叩首
　　沒有別的乞求
　　只盼拉住我妹妹的手哇
　　跟你並肩走
　　噢…噢…
男：妹妹你坐船頭
　　恩恩愛愛縴繩蕩悠悠
　　妹妹你坐船頭
　　哥哥在岸上走
　　恩恩愛愛縴繩蕩悠悠

女：小妹妹坐船頭

　　哥哥你在岸上走

　　我倆的情我倆的愛

　　在縴繩上蕩悠悠噢…蕩悠悠

　　你汗水灑一路啊

　　淚水在我心裡流

　　只盼日頭它落西山溝哇

　　讓你親個夠

　　噢…噢…

（《縴夫的愛》深刻表達長江三峽縴夫與峽江妹子濃烈質樸的愛情故事）

　　當所有觀光客，興奮的看著當地的人文和自然奇景，我卻望著滾滾長江東逝水，內心有個聲音告訴我：「我的人生不只如此，為了更好的將來，我必須力爭上游。」

　　所以我下定決心，立定心志告訴自己：在事業上，我要開創屬於我自己的一片天。

　　過去我在帶團的過程中，有很多事業有成的大老闆都會引導和分享，在中國最大的經濟特區「深圳」，是年輕人最能開創事業和發展的地方，我將此話記在腦子裡、裝在心裡面，於是我開始嚮往著那一天的到來。

新的決定，決定新的命運，
決定沒有對錯，只有得與失。
人生最害怕的不是做錯決定，
而是不敢做決定，
再苦、再累、再難，
有夢想的人都會帶著微笑一路前行。

　　帶著信心和信念去行動，同時相信自己的行動一定可以創造結果，很多時候我們真正去努力，即便過程不是那麼順暢，但就是因為內心裡非常相信自己，有股強烈的信念。最終，行動引領我們到達目標。
　　所以，信念決定一切！

我的職場奮鬥體悟

當我在生活當中遇到很大困難和挑戰的時候，
我都會在深圳繁華的大街上走走，
人來人往，邊走邊告訴自己：
朱金鈴，在這個城市裡「你」真的是無依無靠，
你有的只是你自己，無
能遇到多大的困難你都要撐下去！

即使連語言都不通，我依然要闖出一條路

1997 年，我跟隨朋友來到嚮往已久的深圳。那年剛好碰到香港主權移交，又叫香港回歸，是指中華人民共和國政府和英國政府透過《中英聯合聲明》作出承諾，中華人民共和國政府於 1997 年 7 月 1 日對香港恢復行使主權，英國政府於同日將香港交還給中華人民共和國。

當時改革開放初始，中國就展現出不俗的經濟潛力。那時在深圳的流行語是：八○年代看深圳，九○年代看浦東。所以那個時候深圳的經濟蓬勃發展，遍地都是黃金，我也正好趕上

71

了那個時代。

　　剛從家鄉湖北來到人生地不熟的地方，生活難免很辛苦，帶我來的那個姐姐後來也無法在此自立，就是因為謀生上頭碰到瓶頸。不是工作技術問題，而是更加根本的溝通問題，當地人都講的是廣東話，如果連對方講什麼都聽不懂，那怎可能找得到工作？

　　姐姐工作經歷比我豐富，都撐不下去了，我又是怎麼撐過來的呢？只能說為了活下去，我拚盡全力用了很多種方法，在三個月內看電視學習「廣東話」。

　　初到深圳，沒人脈、沒資源的我，再次從零開始，只能找技術含量最低的工作，於是我又到餐廳當服務生，我甚至連在第一線端盤子都不夠格，原因無它，正因我不會講廣東話。

　　每當撐不下去的時候，有時好想大哭一場，把那些委屈、壓力、無奈、無助都化作一場淚水，統統放空。哭過之後，擦乾淚水又繼續前行，活著就要承擔一份苦難、擔當一份責任。每當回想起最愛我的媽媽，她還在家鄉等待、牽掛、我回家時，我就又渾身都是勁，不管多大的壓力、遭受多少磨難，我都得堅強地走下去。在那個當下，父母不能幫你解決任何人生的苦難，卻能給你無窮的力量……

　　那段日子真的很不容易，當快要撐不下去的時候，我就再次回頭看看自己走過的路，那些曾經的堅持、曾經的努力、曾

經的付出、曾經的汗水與淚水，這麼些年你都過來了，這麼些年你都不在乎那些累與苦，你放棄了，那就是「半途而廢」、「前功盡棄」。

生活不易，每個人都有自己的難處，想想自己再想想別人，你會覺得你還是好的那一個。生活就是這樣，自己要抱有希望，有希望才有動力，有動力才會有更好的人生。

就這樣，我後來走出自己的路。

決定權在你自己

世界上每一件事都是公平的，

成果完全取決於每個人自己的意志力，

無關乎你的學歷，也無關乎你的社會地位。

如果你想改變世界，

那麼就算是單槍匹馬，

你也可以在這個社會上殺出一條路來。

走到今天回頭看看我走過的這些經歷，原來這些挫折都是上天對我最好的安排。

世界是一面鏡子照射我們的內心，我們的內心是什麼樣子這個世界就是什麼樣子，選擇抱怨我們內心是充滿著痛苦、黑

暗和絕望；選擇感恩我們的世界是充滿了陽光、希望和愛。

現實生活當中碰到失敗的時候，絕不能把所有的原因都歸於自己的出身，更不能抱怨自己的父母為什麼不如別人的父母，不能說是因為家境不好，所以自己無法發展前程。

我們大部分的人都不是出於豪門，我們都要靠自己，所以你要相信你自己。

當你把希望寄託在別人身上時，你會選擇等待；
當你把希望寄託在自己身上時，你會選擇奔跑。

剛來到深圳這個繁華的城市時碰到了各式各樣的狀況，簡單講就是兩個字：「挫折」。

沒錢、沒人、沒資源對進入職場、新的環境，對於我這個新鮮人來說困難與挑戰、遭遇挫折後，有兩種選擇。第一種就是嘗試突破，第二種就是放棄。

你會發現，每一次的突破，都帶來新的成長，於是你的人生進階了。相反地，每一次的放棄，不代表下一回更好，反倒經常地，因為放棄已經變成了習慣，結果反倒不知如何在職場生存。

不是常聽到有人三天兩頭就換工作嗎？當事人會說自己「沒找到適合自己的工作」，甚至會說「自己龍困淺灘，這匹

千里馬都沒能遇到伯樂」。但千萬種美言綴飾，都無法掩蓋「你在職場上就是個失敗者」的事實。

有一種環境最能驗證這樣的事。那就是軍隊。不論是世界各國都一樣，軍中是一個講求紀律非常嚴格講求規範的地方。因此，當一個人在民間企業，有什麼不如意，例如業績不好被主管罵，或者覺得任務太難達標想要放棄，當來到軍中，這一套都不適用。

在軍中，你只能聽令行事，你只能忍受所有的委屈，不得抗命。但結果呢？往往就是這樣的強迫經歷挫折，才能讓一個人學會技能。

回歸到每個職場上的朋友，當他不是在軍中，就可以任性了嗎？就可以隨時不高興就說「老子不幹了」嗎？

例如當年的我，我有很充分理由，就跟帶領我去深圳的姐姐一般，我可以說：「什麼嘛！根本連溝通都沒法子溝通，包括去商店買東西都聽不懂店老闆講的話，這裡肯定是待不下去了。」

我很慶幸，當年才 20 歲的我，選擇不被挫折打敗，一方面可能也因為我當時沒什麼退路了，畢竟，再退就退回湖北老家鄉下，乾脆回家務農算了。

總之，我選擇要接受這個事實：「我的語言不通」，有兩種改變方法，一種是叫當地人講我聽得懂的話，這自然不可

能。那只剩另一種方法，就是我要快速學會當地人講的話。

有了決心，就自然會找方法。所以我會透過觀察，透過思考，透過朋友教導等等，最終，我就是真的可以在短時間內學會粵語，然後很快就適應當地生活。

關於提升自我的時機

讀者朋友們，你現在在職場上或其他領域（如感情上），碰到明顯的挫折嗎？你會困擾，是因為你真的被這件事打敗了，還是「沒有足夠決心」去克服。

相信只要你靜下心來，認真去面對這件「挫折」，當你確認挫折就是在那邊，你就是要去克服他，那麼，你就會有了力量。

所謂「向宇宙下訂單」，當你有了決心，有了力量，你「確定」你要去克服那個挫折。那最終，宇宙會聽到的你需求，於是，你的挫折會被解決。

在人生任何的領域，包含事業、感情、理財都一樣：時機是成敗的關鍵。

當時機未到，多做也是枉然。這裡也和讀者們分享幾個職場磨練後的體悟，首先來聊聊「時機」。

其實不論感情或事業，都不能只是「空等待」，一定要一

番作為，例如你想要找男女朋友，至少也得常出門參與社交生活。至於工作部分，更不能空等「時機」到來，所謂「時機」，看似被動，其實就中有很多主動的成分。

一般新人，最常犯的兩個跟時機有關的錯：

1. 太過躁進

有的年輕人眼高手低、好高騖遠，才剛入社會就一心肖想著擔任高階主管。這世界並沒有規定年紀輕的人不能當主管，重點是「你準備好了嗎？」

若沒準備好，就想一步登天，那樣導致的結果，會讓一個人反倒爬升的更慢。例如某甲跟某乙，同一梯次進入某個企業集團，某甲急著升遷，工作不到一年，就跳槽到另一家公司，後來又不滿意，又再跳槽。工作五年下來，仍只是某家企業的基層員工。反倒當初跟他同梯的看起來能力沒他強的某乙，後來穩紮穩打，五年後已經是企業的中階主管了。此時某甲再懊悔也沒用，是去的五年光陰，已經回不去了。

2. 太過被動

前面鼓勵一個人不要太過躁進，但往往許多新人犯的一個錯，叫做「不求長進」。其實這是很嚴厲的指責，被指責的人會說，冤枉啊！我只是「安分守己」好好地做好本分，這樣也

錯了嗎？

　　是的，特別是身為一個新人，絕對不能只是「安分守己」，所謂「本分」，那是理所當然應該做的，不是拿來炫耀的優點。但新人應該要做的是，比一般人「多做一些」。

　　所有的職場新人一定要有個認知：錢不好賺，工作不是讓你來輕鬆過的，要經歷初期的苦，才能感受後來的甜。

　　切記：

- 不要一開頭就怕吃苦，三天兩頭換工作，一生沒出息。
- 不要悶著頭做事，腦子一定要動，想著如何讓工作更有效率。
- 不要抱怨現在，但也不是要一個人認命知足，心中總要存著未來願景。

　　我在擔任導遊的歲月，知曉這不是我想要的生活方式。但在還沒找到更好的方式前，我依然努力把我的工作「做到最好」，並且心中時時有個聲音，鼓舞我要力爭上游。

　　最終，當「時機到了」，我心境也準備好了，就可以展翅高飛，去到另一個新境界。

關於如何掌握機會

機會是留給有準備的人而準備的。

我們都知道抓住機會就會成功，機會是留給有準備的人。可是，我們好多時候都很茫然，也很彷徨。到底機會在哪裡？我怎樣做才會是一個有準備的人？都想成功，都想在年輕時擁有財富，可是總感覺上天不眷顧自己，好像除了自己，誰都有機會。等有機會，等有錢了，成了我們的機會的前提時，我們大部分人是永遠沒有機會的。

在深圳工作的那個時候我什麼都沒有，唯一的本錢就是青春，夢想讓我與眾不同奮鬥讓我改變命運！

這一生有一條路萬萬不可以選擇，那就是放棄的路；
只有一條路不能拒絕，那就是成長的路。
如果你在勝利前怯步，往往只會獲得失敗；
如果你在困難時堅持，常常會獲得成功。

初始我就是個最不起眼的端盤子服務生。
人活著，先求有，再求好。就是堅持力爭上游，先從在廚房做起，進階到可以到第一線服務客人。然後靠著我本身的不

斷學習和努力，很快地不到半年內，我就升任為主管。才 20
歲的我，就已經必須要管理許多年紀比我大的工作人員，包含
前端及後場，我都要照管。

　　這個階段裡，再次地驗證我那種執著奮鬥的精神，為我吸
引來新的能量。所謂「花若盛開，蝴蝶自來」，我的工作表現
與人應對進退的熱誠態度被看見了，陸續就有人來挖角。包括
在當地認識的朋友，甚至來店裡消費的客人，有時候就會跟我
說，哪裡哪裡有個工作機會要不要去試試。

　　就這樣，在有一次機會裡我覺察是個好的新嘗試，於是我
再次轉換跑道，人生第一次，投入了貿易生意領域。並且從那
時候開始，我的經濟狀況，有了三級跳的躍升。

　　所以要說，我後來轉戰貿易領域，是「好運」嗎？不是，
沒有過程，哪會有結果，先經過前面的奮鬥，後面才有相關機
緣遇到好的發展。

關於貴人以及好運

　　真正的人生需要的是貴人、需要的是朋友、需要的是成功
的環境。

這輩子最開心的事不是賺了多少錢，

而是賺到多少陌生人對你的信任。

經常聽到年輕人抱怨著，某某某都好幸運，可以遇到貴人。或者，好可惜，當初那個案子本來我負責的，只因我當時手邊工作沒結案，於是轉交給某甲，結果那個案子得標了，某甲也因此職位被提升。

乍聽起來有道理，好像是你機運較差，別人遇到貴人，你沒遇到，或者明明有個好機會，你卻錯過了。但實際上呢？當真正機會來到你面前，你真的可以勝任嗎？或者換個角度來看，是否你一直沒能碰到「好機會」的原因，就是因為根本就是你的能力尚不足以勝任。

這也是我要和讀者分享的一個職場重點，就是不要「眼高手低」。

每一個人的成功之路或許都不盡相同，但我相信成功都需要每一位想成功的人去努力、去奮鬥、而每一條成功之路，都是充滿坎坷的，只有那些堅信自己目標，不斷努力的、不斷奮鬥的人，才能取得最終的成功。

例如一個年輕人，一進公司看到主管開著賓士車上班，內心就想著「我以後也要像他一樣」。這樣子的想法很好，事實上，很多企業高階主管故意開名車，正是為了刺激年輕人「有

為者亦若是」的激勵心境。

　　但如果內心只想要開名車，卻不想經歷「有資格開名車」的過程。那就好比想去山巔綜覽天下美景，卻不想辛苦走山路，那就是說「要有直升機專程載你上山」的意思嗎？

　　這個案例聽來很好笑，但不幸的，這卻是社會上的常態。我在兩岸不同的產業都經常看到這類的人。他們都想著自己應該要坐辦公室吹冷氣、領高薪，每天的工作只要使喚人就好。

　　畢竟，他們也的確看到職場上有很多這種人，但他們只看到主管們光鮮亮麗的一面，卻沒看到他是累積多少實戰經驗，才有資格坐到今天這種「使喚人」的位置。他們也沒看到，表面上吹冷氣，但實際上，那些主管每天都在動腦筋位公司開拓商機，可能員工下班了，主管還須和客戶進行夜間餐敘談未來合作專案。

　　可以這麼說吧！每個人面前都有一個目標，這是好事，鼓舞我們前進。但我們也須清楚知道，這個目標具備的「條件」。

　　舉例：

1. 想當呼風喚雨的總經理

　　條件：要有領導力、要有決斷力、要有統籌力、要有演說力、要有精算力、要有人脈力、要有商場敏銳預測力……

　　（請問你，現在具備幾項了？）

2. 想要年收入千萬

條件：要有專業技術、要拓展一千個基本客戶、每月要有百萬的業績實力、要具備吸引人的人格特質、要非常熟悉一項產品、願意花一段時間不眠不休的工作⋯⋯個

（請問你，現在具備幾項了？）

我鼓勵朋友們時時想到這件事：假定今晚接到一通電話，是阿里巴巴的馬雲打來的，他說他無意間在一次會議場合中聽到你講話，覺得你是個人才，既然他人剛好在這個城市，他願意撥一晚和你共餐，聊聊未來職涯發展。

好啦！你接到大富豪的電話了，然後呢？你該如何把握這個「機會」？

你會跟馬雲先生說，對不起，其實你什麼都不懂嗎？你會緊張到說對不起我被嚇到了，不敢與會嗎？

總之重點就是：你準備好了嗎？

所以，今天起，不要抱怨，不要眼高手低，先想法提升自己吧！艱辛能夠磨練你的意志、困難會讓你變得更加堅強，這和你現在職位無關。

就如同當初我是個端盤子服務生，我就設法讓自己提升到

可以在賣場服務客人的高度。當我可以第一線服務時，我就加強如何讓自己的服務到位，讓客戶眼中的我，是值得推薦讚譽的我。

就這樣，一階一階往上，每一階段我都讓自己「準備好了」，並盡力做到那個階段的最佳。

那麼，下一個「最佳」肯定就即將出現。

只有想不到，沒有做不到

有沒有一個時刻，讓你忽然長大，
時間終會讓我們長大。

那些讓你茁壯的經歷

人生總有幾個時間逼著我們瞬間長大：第一次國外留學、第一次出外工作、第一次要背負著家庭的經濟來源。

我們沒有辦法知道這時刻何時會到，所以也沒有辦法先做好任何準備，都只能咬緊牙想辦法撐著，到底自己能撐多久也不知道，總之還是要把往後的日子過下去。

這些過程很痛苦，但所有的種種會讓你更加茁壯，
可能是思想成熟了，也可能是處事技巧熟練了，
甚至是把自己的人生看得更雲淡風輕了，
發現這世界上沒有什麼事情是過不去的。

很多時間也不用太難過，因為只要你還相信以後會更好，

你一定要先征服你自己。

1997 年，我從一個端盤子的
餐廳服務生跳槽到貿易界。再隔
年，我已經摸透了貿易的市場，
後來竟然就變身自己當老闆，雖
說景氣好讓我的打拚有了很大的
優勢，但人若自己不努力，也不
可能在陌生城市闖蕩出成績。

剛踏入職場的我

那年初始，我先是受聘到一間小公司擔任接待，甚至也沒
什麼亮麗的辦公室，現在想想，不過就是跑單幫的，也就是找
到一些貨源，批發給盤商去賣。

深圳那時是經濟改革開放的時代，經濟正火熱，東西好
賣，流轉率高，我正好趕上了那個時代，生意也越做越大。而
我當時的工作，說是櫃檯小妹也好，行政助理也罷，甚至要說
我是公司主要幹部也可以，反正小公司，一人身兼多職。

就在那樣的環境，感恩當時老闆不吝嗇地讓我學習，很短
的時間內，我就瞭解貿易是怎麼回事。這無關學歷高低，但關
乎你是否願意做功課，當別的年輕女孩一下班就想著怎麼約會
跑 Party，可我總想尋找一些機會，我格外用心去多認識產品，
並觀摩老闆與客人對話的技巧。於是，當別的女孩夢想嫁人，
我卻是一步一步朝著創業夢想前進。

　　或許很多人都曾有高遠的夢想，也從信誓旦旦的說要實現夢想，但夢想不僅需要激情滿懷、豪情萬丈，更需要的是腳踏實地，一點一點的努力去做。夢想是行動的起點。

　　只有夢想，沒有行動，夢想，就只能是一個空想。
　　只有行動，沒有夢想，就沒有方向。

　　自信是每個成功的人必備的一向素質，無論面對怎麼樣的質疑，也要堅持自己的看法，歸根結柢是因為他發自內心的相信自己。心理學上把自信定義為「個體對於自身應付外界環境的能力與批評」。簡單說，自信就是一種態度，可以給人帶來創造價值的能力。

　　這世界什麼是公平的？時間是公平的，窮人跟富人一天都擁有 24 小時，重點在於如何規畫時間，而非最初時間分配不均。

　　還有什麼是公平的？生物學是公平的。雖然有人天生有肢體或五官缺陷，但大部分人，不論是窮人或富人，都同樣擁有一張嘴，重點在於「怎麼說」，這無關貧富貴賤。

　　其實任何人，特別是剛入社會的新鮮人，既然各種資源都遠遠比不過人家，就更該善用這些「公平的資源」。

　　我所認識從無到有、後來發展很成功的人，都跟「時間」

與「堅持」有關。

有句話說：「時間花在哪裡，成就就在哪裡。」

成功的人強調努力的重要，而做事情更少不了方向的確立以及方法的正確。成就絕非一蹴可及，如何當一個快樂又成功的人，更是一門學問。

「勇於改變」的學習以及在人脈、思考力、人生歷程、工作改革管理上的應用，都是需要人生戰術的累積，才能夠更接近個人給予追求的「人生模型」。

讓自己每天都當作是這一輩子最後一天的態度來做事情，用這樣的心情去做決定，認真付出，拚最後的力量一搏。

人的一生中，成功者跟不成功者有一個最大的差別就是：

成功者永遠都說：
「永不放棄，沒有幹不成的事！」

不成功者都會說：
「我沒有好機會，沒有好的際遇、沒有錢、沒有方法！」

成功者一定是一個磨難者，成功者在這一生當中都有貴人相助，貴人不是給他多少錢才算貴人，而是那些在生活事業工作上幫助他的人。

　　改變從自身觀念做起，改變從自身做起，改變從小事做起，現在開始，只要你有一顆永遠向上的心，終究會找到屬於自己的人生。

Chapter 3

親情溫情篇

即便追求成功，也切勿忘本

這一生我最感到驕傲的，就是我沒有愧對我的承諾。
我讓母親能夠在她有生之年，盡情享受環遊世界。
不敢說自己是孝女，
但至少當我看到母親看著我時欣慰的眼神，
我的內心就覺得此生無憾。

關於媽媽與無悔的愛

我小的時候，經常會淘氣的踩著我媽的腳後跟，和她一起出門去到鄰居家玩，鄰居見到我總會誇我一番：「小姑娘，又陪你媽出來了，長大一定是個孝順的女兒。」幾乎每次見到我都是這句話，我媽在一旁看著我笑而不語。

這是我幼年時對「孝順」這詞最早的啟蒙，雖然當時並不理解這個詞的意義，但我知道這是個好詞。等我稍稍長

帶媽媽出遊開心的樣子

大些上小學時，幾乎所有的老師和我親戚，包括課本都在潛移默化地向我傳達「孝順」這個傳統的美德。

　　孝順是最基本的感恩，
　　當我們心中滿懷感恩，
　　你就有願望將你的快樂散播給別人。

　　回憶我們小時候對媽媽說得最多的話就是：「媽，我衣服在哪？」、「媽，咱們晚飯吃什麼？」、「媽，我能出去麼？」、「媽，我餓了！」、「媽，這些都交給你了。」……；而對爸爸說得最多的話則是：「爸，我媽在哪？」

　　以前我打噴嚏時總要說一句：「是誰想我了？」媽媽愛說笑，就接著說：「誰想你呢？媽想你了……」

　　現在想起這些話，是如此般的溫暖。

　　許多年過去，回憶許多事，經歷的轉身便會忘記，但在我們的心靈深處，永遠不會忘記我們的媽媽，，我們對媽媽深深的愛永遠不會因為歲月的流失而消滅。

　　2012 年，我在臺灣打算創業的同時，我也準備改名字。

　　我的原名叫朱國榮，從小到大就被認為這名字太男性化，我在許多場合也讓人嚇一跳，對方原以為接恰的是個男性，沒想到我一出現時看到是一個女生，甚至有時在醫院的手術室

裡，還被誤認為我是男生，醫生還再次走出去確認是否正確。如今為了創業，才決定去給人算命，想改個女性化的名字，並且必須要能有助事業的，於是算命老師幫我取名朱金鈴。

　　改名字是要去戶政事務所登記的，但是當我人都已到了櫃檯前，內心閃過一個念頭：「我的名字是爸媽幫我取的，我這樣擅自改動，若將來爸媽在天之靈找不到我怎麼辦？」就這樣一念間，我最後決定不改名了，還是叫做朱國榮，包括如今在我的公司事業登記證上，負責人就叫朱國榮。

　　但金鈴這名字我仍保留，就當做「藝名」吧！可能因為我是個感性女子，雖然追求事業也追求利潤，但在內心裡我總是有一種感性。若要犧牲對家人的愛，那我寧願放棄財富名利。

　　20 幾歲的時候，我開始做貿易有了積蓄，當時我就把賺來的錢，絕大部分用來幫助自己的家人。從 1997 年我逐步建立起自己的貿易事業起，我就每個月常態性的支柱家裡。

　　1998 年，我的年收入已經達到人民幣百萬元，此時我一個人不僅能照顧家人的生活，並且盡力給她們最好的生活。隔年我讓他們遷到縣城，享有更優品質的住居，我也持續帶母親雲遊四海，當時在我們那個縣城裡面，媽媽可能是第一個搭飛機的人，讓縣城裡人人羨慕。

　　記得第一次帶媽媽搭飛機時，剛開始心裡會恐懼，她不敢上飛機，怕飛機會掉下來。媽媽見識她這輩子從未去到的整個

中國，她欣慰的對我說，她這輩子值得了。

　　媽媽是一個愛笑的人，小時候在媽媽的笑容下長大，每當我遇到困難與挫折時，我便會看看母親的臉龐，看著她的笑，她的笑容給了我莫大的勇氣和力量，支撐著我繼續在人生崎嶇不平的道路上，披荊斬棘地走下去。

　　我已經歷了人生無數個春夏秋冬的輪迴。每當我燃盡自我，變成了一顆不再發光發亮的隕石，漸漸被人們遺忘後，媽媽的笑卻從未拋棄我。

　　媽媽什麼都不用給我，只要給我一個笑容，一個世界最美的笑容，用這個笑掠過我燃燒過的痕跡，帶給我心靈上的安慰，感激、感恩母親，你給我的笑。

　　提起成功，讀者們一定看過各式各樣的勵志書籍或企業家傳記，書中總有諸多的人生道理，包含努力工作、積極進取等，都是成功者必需的特質。

　　然而身為一個女子，我的想法不盡然和男性主導的商業社會一致，畢竟在女孩子家內心裡，家庭跟親人的分量占有很重的地位。

　　一個人再怎麼成功，
　　務必不要忘了，
　　家人必須被包含在你的成功定義裡，

否則一個人賺得了全世界，

卻長期疏忽自己親愛的家人，

一旦發生遺憾的事，後悔不及，

再多的錢財也不能買回逝去的親情。

這點非常重要，

甚至比任何的事業成功都還要重要。

孝順是做人的基本道理

「世界上有一種美麗的聲音，那是母親的呼喚。」
是啊！母親的呼喚是世界上最美、最偉大的愛的呼喚，
母親是無私的，是無條件的付出，
因為兒女是她永遠的希望，
要感恩父母給於我們生命，
要感恩他們把我們養大，讓我們成才。

你養我長大我陪你變老

孝心不一定要轟轟烈烈或給爸媽很多錢，送他們汽車洋房，而是來自生活中看似平常的點點心意，一點一滴匯聚而成。

有的人在贍養老人家時，大多數只關注他們的吃穿，陪老人說話的時間都很少，往往是東西送去就走。更可憐的是，有的人即使住在一壁之隔，一週也不回去探望一次父母親。

我想做為子女的，確實承擔著贍養父母的全部壓力，但是我們父母承擔這世界上最大的風險，可是他們從不言語，也不展現自己的脆弱，你打電話給他們，她們都說家裡一切都好。

　　但真的一切都好嗎？

　　做為子女，我們要多去瞭解老人家的心情或想法，保證讓他們「衣食無憂」、「精神有依靠」，要善於看穿父母的堅強，這件事越早越好，不要等到來不及了，也不要等到沒機會了，就像所有的父母都不願意缺席子女的成長，我們也不應該缺席他們的衰老。

　　記得我當初從那個杳無人煙的大山走出來的時候，就一直想著做一個媽媽多不容易，我出去一定要賺很多錢，好好的孝順媽媽。

　　當愛大於恐懼，你什麼都不會害怕，就是這樣的決心，給了我前所未有的動力。說到「動力」兩個字，你的動力是什麼？很多人沒有動力，特別是出生環境比較優渥的人，他們的人生似乎少了動力，因為不論他們工不工作，反正都有錢花，都有飯吃。而我的動力，就是賺錢好讓媽媽過上幸福的生活。

　　母愛的力量真的很強大，以前媽媽給我們六兄弟姊妹做好吃的，有時我會問她：「媽，你怎麼不吃啊？」她總是說：「你們吃吧！等會兒你們吃剩下的我再吃。」現在想起來都一樣很感動，所以我發誓我一定要讓媽媽過上好的生活。

　　後來當我事業有成的時候，我第一個願望就是想到媽媽，我要帶她去環遊世界，享受人世間的美好，做一個最幸福的媽媽。這件事我做到了，這是我這輩子最驕傲的事。

你和財富的關係就是和父母的關係，
再直接一點，
你和父母的關係就是和你所有一切的關係。

全天下的父母親都不圖什麼兒女具體的回報，他們要的很少很少，有時候哪怕只是一句噓寒問暖的電話都好。

我們感恩父母，要在他們活著的時候去行動，不要在父母去世之後，才來搞什麼豪華氣派壯觀的送葬場面。

人世間最悲哀的事情莫過於在自己白髮蒼蒼時，還需要照顧子女情緒，在子女面前甚至需要小心翼翼。

和媽媽在北京的日子

　　父母生下我們的那一天，就已經欠下了父母的恩債，此生此世也報答不完，父母的能力有限，不要去埋怨、責怪，因為你沒有任何資格去抱怨他們。天下的父母親都把最好的他孩子，自己卻暗自承受苦果，父母再嘮叨也是為子女好，請不要用冷漠的態度對待他們。

　　父母是孩子最大的福田，贍養父母理所當然，不由得你去選擇，更不由得你捨棄。如果連生你、養你的人都不理不睬，誰還敢靠近你呀！父母是子女最大的福田活菩薩，我們埋怨生活各種的不順，不如孝順，孝順、孝順，有孝才會有順呀！真正的孝順不是給父母的金錢，而是真情的陪伴、誠心的奉養。

　　全天下的父母親，都默默的給了我們一片「海」，可能最後我們成功的太晚，連一口水都沒有回報過去。

　　在這個世界上什麼都可以等，
　　唯獨孝順父母不可以等。
　　我們成功的速度遠遠趕不上父母老去的時間，
　　因為我們永遠不知道，
　　哪一天是他們生命的最後一天。

　　大家切記，「你養我長大，我陪你變老」。

愛情與親情

百年修來同船渡，千年修來共枕眠，
夫妻情緣的結合點就是愛，
愛是一種付出，一種不圖回報的付出，
所以真正的愛情本身，
就是男女雙方彼此之間的感恩。

第一次來臺灣出遊

我的姻緣故事

　　我和先生結為夫婦，主因當然是愛情。但背後還有一個故事，跟我媽媽有關。那就是因為我發現，我先生很孝順，並且也很照顧我媽媽，才讓我更加確認要和這個人共度一生。

　　和我先生是在 1995 年一次旅行的帶團活動中認識他。身為導遊的我，帶領這個六天五夜的旅行團，其中有六成以上的團員都是 60 歲以上的長者。當時未來的老公也是團員之一，可能都是同一個企業集團的吧！總之就在那時初次認識，印象很深刻，他這個人非常有愛心及耐心，團員中有幾位長者，行動較遲緩又老愛抱怨，特別是那時又逢天雨，天候不佳影響遊

101

興，令人格外煩躁。可是當有人抱怨時，我未來老公都能溫和
的去安撫，讓我這導遊省去很多麻煩，也對他有了好印象。

　　但此時也僅止於對他有好印象，跟愛情完全扯不上關係。
然而命運就是那麼好玩，如今和他結為夫妻後才知道，當年所
謂的「好印象」，其實正是他最大的缺點，直白說，他就是個
濫好人。想一想，也算是上天幫我安排個互補吧！他的感性溫
和，搭配我的積極強勢，也算是天做良緣了。

　　總之，從那回認識他後，我們就成為彼此的通訊錄朋友，
當時只知道他大我 2 歲，來自臺灣。後來很多關於他的事，都
是從電話聊天中得知，慢慢感覺得到他喜歡我，然而喜歡歸喜
歡，當時我沒有其他的想法，只是碰到逢年過節就來電問候。

　　2003 年，當時公司受 SARS 影響打算歇業，他剛好去大陸
東北創業，路過深圳時他約我見面，我答應他了。不僅答應了
他，並且就在那一次用餐後，我確定我願意跟著這個男人。

　　原先他只是去深圳跟一個老友吃飯，後來他也沒料到，竟
可以帶著這個女孩陪他回去瀋陽。

　　當時我 28 歲，他 30 歲，我倆在一起，但尚未論及婚嫁。
最終讓我們結為夫妻的關鍵人物，是我的母親。

母親與外子的溫馨陪伴

從某個角度來說，我是很理性的人，做生意講求實際，該爭取權利的時候，我可以氣勢不輸男子的與人談判；發現任何商機，我也講究快、狠、準，這也是我這樣沒背景的弱女子，能夠創業闖出一片天的特質。但更多時候我是感性的，我把大部分的錢用在幫助人，我關心的觸角不僅包括家人親族，也包括不認識的人。忙事業之餘，我也會留意世界的種種美景。

理性與感性兼備，人生才會比較幸福圓滿。這也是我後來投入美容健康類產業的主因，對我來說，健康和美麗會帶給人們幸福，是一門好事業。

繼續來談我先生和媽媽的故事：

我這個人做事算是明快果斷的，從不拖泥帶水。2003 年，我評估整個市況難以回復，心裡同時也想著，在生意圈忙了這麼多年，感覺有些乏了。一旦確定不想再經營下去，我用了很短的時間，就把這家經營了四年多、體質也不錯的店，毅然決然轉手出脫，並且立即答應我未來老公，跟著他一起去東北。

我是真的說到做到，完全的斷捨離，我放棄掉在深圳經營這許多年的人脈和事業，身上帶著處理掉事業後僅剩的幾十萬人民幣，全然捨棄過往職場女強人的身分，乖乖扮演好家庭主婦的角色。

　　我先跟他到瀋陽安定下來，隨後也把我媽媽接了過去。2004 年，媽媽的身體已經狀況不佳，我想好好天天陪在她身邊，讓她安享晚年。在那之前，我也趁她身體還行的時候，帶她雲遊四海。現在到了東北，她就每天靜靜的看著自己女兒和準女婿陪著她，享受天倫。

　　說來也奇怪，我當時那尚未結婚的老公，一不懂甜言蜜語，二也不是什麼型男，但我媽媽就是很喜歡他，覺得我真的選對人了。那段時間，媽媽甚至每天比我還期待他下班回家。

　　通常作息是這樣的，吃過早餐後，他早上七點準時出門，公司派來的司機已等在樓下接他上班，白天時間我就是標準的家庭主婦，煮飯、打理家務，下午大約三點鐘外出買菜，打理晚餐，等候他五點多回家。我媽則是每天早餐完後，自己去下頭的院子逛逛走走，中餐回來休息一下，之後最企盼的是等到五點半後，去院子外的路口接老公回家。媽媽一看到準女婿回來，眼睛就亮了起來，然後兩人就有「聊不完」的話。

　　說起來也有趣，我媽只會講家鄉話，我老公根本完全聽不懂，我媽倒是聽得懂標準國語，但只會聽不會講。就這樣子兩人也可以聊得開開心心，每天行禮如儀的「話家常」。我想，這就是緣分吧，我老公就是對她的胃。而非常令我感動的也是促使我最終願意點頭，把終身託付給我老公，就是他是如此的有耐心，日復一日的，願意陪著我媽講話。

有時候站在一旁看他倆互動，我這個「局外人」竟也感動了起來。看到老媽滿臉的皺紋，在笑意盈盈中，竟也展現出某種光彩，內心有著一種「原來所謂幸福就是這樣」的感觸。

如同母親後來告訴我的，這段日子是她人生最幸福的時刻。我願意用千金換得母親的快樂幸福，既然母親那麼喜歡這個準女婿，那他肯定就是那個對的人。

感恩師父和仙姑的恩德

在母親即將不久人世那年，為了讓她安心，我和老公正式辦理了結婚登記，那年是 2006 年。當年也在臺灣辦理了結婚儀式，這其中還有一個令人感動的故事。

因為娘家在大陸，結婚當天親友們都無法參加，包含當時病魔纏身的媽媽，於是便在竹東一家政商名流必拜、非常有名的宮廟「三清清聖宮」，請廟裡的仙姑和師父做我娘家的家人。

婚禮當中，仙姑和師父做我的主婚人，並且號召了很多的信徒和親友團，為我們這對新人送上紅包與祝

師父與仙姑

福。我非常的感動，感謝仙姑精心為我策劃的婚禮，讓我感到深受寵愛，內心滿滿的愛與感動。

　　記得剛來臺灣碰到傷心難過的時候，仙姑總會給予我多方鼓勵，我一直在心裡面感激著她為我所做的一切。感謝我生命當中遇到的每一位貴人和愛我的人，是你們給了我勇氣和信心，我才會勇敢的走下去。我會終生銘記感激，我一刻也沒有忘記師父和仙姑的恩德。

　　如果上天要一個人逐步捨棄身邊的東西，那時人們就會發現，金錢權位或浮世虛名最終都可以放棄，更別說所有用錢就可買到的名車豪宅了。我們真正要珍惜的終究還是恩人和親情。一個人若把親情擺在人生後面順位，這樣的人到頭來回首一生，必定會有缺憾。所以我總強調，行孝及行善要趁早。

人生中的感恩

每一個你經過的時刻都不會再重來，
生活就是要懂得接受改變，並且學會感恩。
你永遠不知道明天會發生什麼事，
今天你擁有的，很可能明天就失去，
而今天失去的，將來很可能再度擁有。
因此，接受生命就是充滿改變，
但要懂得活在當下。

讓我們總是心存感恩

有人說，忘記感恩是人的天性。然而當我們來到這個世界上，什麼都還沒開始做的時候，就已經開始享用前人帶給我們物質或精神上的一切成果了。這就是提醒我們每一個人，都該懷有一顆感恩的心。

在我的生命當中，我遇到了許多的恩人，他們都應該是我終生去銘記感激，我一刻都沒有忘記他們的恩德。感激他們的同時，我也要感謝那些曾經打壓、嘲笑、惡意待我的人，他們這樣的負面刺激，反而激勵了我堅強的成長！感恩他們給我力

量和動力，才成就了現在強大的我。

懷有一顆感恩的心，才更懂得尊重。

鄧小平在古稀之年中曾說：「我是中國人民的兒子，我深情的愛著我的祖國和人民！」懷著感恩的心，詩人艾青在他的詩中寫到：「為什麼我的眼中包含淚水？因為我對這土地愛的深沉。」

懷有一顆感恩的心，不是簡單的忍耐與承受，而是一種寬宏的心態，積極勇敢面對人生。選擇感恩的態度，也是確保生活的快樂、健康與成功。每一次感恩的行動，讓負面經驗轉而變為正面積極，將使個人受益無窮。

對生活心存感恩，你就不會有太多的抱怨。世上沒有十全十美的事物，比抱怨更重要的是，自己為改變這一切做了哪些努力。

感恩之心足以稀釋我們心中的狹隘和蠻橫，還可以幫助我們度過最大的痛苦或災難。常懷感恩之心，我們就可以逐漸原諒那些曾經結怨甚至傷痛你的人，會使我們的人生資源變得更加深厚，使我們的心更加寬闊宏遠。

對未來心存感恩，你就不會有太多的迷茫。不要因為我們曾經跌倒，就不願意站起來而忘記趕路，這樣自己最終將一無所有；不要因為前方一路風雨就畏縮不前，使如火的激情蕭然熄滅。

對生命心存感恩，你就不會有太多的悲觀。只有感恩生命，我們才不會浪費寶貴的時間，讓生命之樹結滿豐盛的果實；只有感恩生命，我們才能不斷向目標前近，才能有機會與成功握手；只有感恩生命，我們才會創造嶄新的自我，執著的追求書寫無悔的人生。

請讓我們永遠懷揣一顆感恩的心，好好經營那個值得經營的人生，去感謝生活中充滿芬芳的點點滴滴吧！

我與佳興老師

有我的地方就有愛，
我的人生教練黃佳興老師。

　　2019 年 11 月 8 日，我正準備前往馬來西亞上佳興老師的「超級講師班」，然而，搭乘飛機前半小時我車禍了，我在離家不到兩百米處，被一位 60 幾歲的老太太撞倒，翻了兩個跟頭，幸運的我沒有受到重大傷害。

　　確定沒有生命危險時，我帶著全身流著鮮血的身體回到家門口，看到老公開著車正在門口等我，準備送我去機場。我怕被老公發現我受傷的樣子，怕他會阻擋我，於是便偷偷從另外的地方溜進去家裡，換下全身是血的衣服，處理好傷口，裝作很鎮定的樣子上車了。

　　不過手上的傷口還流著血，正巧被老公看到，我告訴他剛才發生車禍，他驚訝的問我：「有怎麼樣嗎？有沒有報警？」我若無其事的說：「還好啦！快走吧！等會兒來不及了。」就這樣，我帶著滿身是傷的身體，來到了馬來西亞佳興老師的超級講師班課堂上。

　　遇到驚險瞬間與死神擦肩而過，相信大難不死必有後福，

驚險的那一刻沒有阻攔我愛學習的精神和腳步，我給自己一個大大的擁抱和 100 個讚。

當講師是我的夢想，在這四天課程裡，我能感受到老師滿滿的能量和堅強使命感。沒來上課之前，我也在中國大陸上了很多大大小小的課程，那個時候的我其實很迷惘，只知道出去學習，可是沒有正確的方向定下來。直到遇到佳興老師，我決定不再漂泊，找佳興老師做我的人生教練，直覺讓我相信佳興老師是值得我跟隨他學習一輩子的人。

「火車跑得快，全靠車頭帶。」我更相信近距離產生機會這句話，因為好的事情都會給近距離的人。

後來我一次次的學習，一次次的改變，2019 年走出來的時候，我真正感受到，正因為我持續不斷學習，讓我累積了能力，往後無論走到哪裡，只要有拿麥克風的機會，我都不會忘記宣傳自己，所以我的業績也不斷成長。

有了夢想，就有了方向，
有了方向，就有了動力，
有了動力，就有了能力。

當我遇到困難、挑戰無法扛過去的時候，在我背後真正給我內心巨大的動力，就是佳興老師。

　　他用生命的力量告訴我們每一個人生命的價值，生命的價值不是證明你擁有什麼，而是當你有能力了，一定要把這份愛傳出去，真正傳出這份精神，去影響更多需要幫助的人。

　　在一次完全改變的課程中，老師讓我們各打一通電話給自己最愛的人，我選擇打給我婆婆，後來也因為這堂課程，婆婆對我徹底的改變，從此以後她把心交給了我，她願意為我做任何事情。平時工作忙碌，當我下班回到家看到一桌子的飯菜，心裡便感到滿滿的幸福和感恩，我們變成母女和朋友般相處。現在的我，是婆婆眼中最棒的媳婦。

　　「完全改變」這堂課，它不是課程，而是讓你生命蛻變的過程，透過分享，讓更多人看見希望，幸福比成功更重要。

　　在以後的生活當中，我會繼續在這份事業上前行，帶著「愛」和「使命」承擔的夢想和美好未來，與老師一起前行，永遠活在愛的關係裡。

　　未來只要我有機會站上舞臺，就要傳承佳興老師的這份精神，真正的把愛傳出去，喚醒更多沉睡中可以被點燃的靈魂。因為我相信，改變一個人就可以改變一個家庭，改變一個家庭就可以改變一個公司，改變一個公司就可能改變整個社會，改變一個社會就可以改變全世界。

　　當一個人在事業上、生活中遭遇瓶頸的時候，永遠記得，學習是你解決問題最好的方式。

富不學，富不長；
窮不學、窮不盡！

　　只有第一名的教練，能夠讓你取得第一名的成功，向第一
名學習，向第一名看齊，你的人生將會大大不同。

Chapter 4

事業與財富篇

你一定也可以創業

你的努力要配得上你的野心！

創立頂尖的五金零配件經銷公司

談談我的九州標準件的創立過程。

25 年前，在農村幹農活、燒木炭的我，完全想不到一窮二白的自己能走出農村，透過自身的努力創業公司，實現財富自由。

當初的創業，只不過是背水一戰，設想到走出一條不一樣的人生。如今我想幫助很多和我一樣的，連摸帶爬打滾著想從社會最底層走來的人們，不被生活所打倒，能實現人生夢想。

2006 年辦完我母親的喪事，也去山中老家憑弔過後，我覺得我必須再次發揮我的潛能，我知道自己是個做生意的料，只是等待機會出現。

所謂心想事成，正當我又想要有一番作為時，很巧的，商機就出現了。在一次家族聚餐中，一個姪女幫我引薦了她的夫

婿，說她夫婿的家族都在從事專業代工。

　　在南方打滾多年的我，早就培養了敏銳的商業嗅覺，我立刻就嗅出商機。後來跟著我姪女他們去考察，果真看到她們位於河北的城鄉，已經形成一個五金批發聚落，可以說，各式各樣的五金零配件，不論是汽車要用的或蓋房子要用的，幾乎是應有盡有。

　　此刻正值中國經濟突飛猛進的年代，處處都在搞建設，五金零件正火紅著。我當下立刻決定，幫媽媽辦完喪禮之後，我把身上最後僅剩的大約人民幣 10 萬元，和姪女他們家合夥，成立新的五金批發貿易事業。而這個新事業的頂尖業務，當然就是由我和侄子親自出馬。

　　就這樣，我又再度創業，並且秉持著我那不服輸、一定要把任務達成的精神，我一天也不懈怠，開始帶著樣品四處征戰。我們倆的創業資金只有人民幣 20 萬元，但我在不到半年時間，已經為公司打下了一片江山，當時的營業額已經超過上百萬。過了一年，我更是跑遍全中國，到處建立了據點，年營業額是破億新臺幣。

　　人生擁有的是不斷的抉擇，端看你是用什麼態度，去看待這些有賴你決定的無數機會。能夠綜觀每一件事情、每個問題的正反兩面，你將會發現內心最深層的恐懼，也在所有狀況明朗瞭解之後，將會自行化為烏有。

人生真正的快樂，就是在不斷的痛苦之中，
找到突破自己的心靈鑰匙，
自信、從容的面對人生每一個階段給予的痛苦及坎坷，
並堅持走下去。

世界上無數的成功者都能樂觀、豁達，並不是他們沒有經歷過不如意，而是他們有能力承受並最終戰勝、超越了痛苦或憂傷。在你面前的，除了面對你還是要面對，只有在不斷的痛苦之中，才會有你多彩而豐富的人生。

創業需要尋找資源

從以上我的真實故事，可以看到兩件事：

1. 我真的是白手起家，但我也需有最初的資源。
2. 我從事的是一個之前從未經手過的事業，但憑著勤勞，我後來闖出一片天。

其實，我們每個人身邊一定都有某些資源，所謂資源，不是指老爸開了家工廠，要你來承接，或娶到某個企業集團的千金。當然，這也算是資源啦！但我的意思是針對一般平凡百姓

來說）。所謂資源，就是你掌握到的某種資訊、某種管道，或者某位朋友。

各位讀者可以暫時放下書本，拿張紙記錄一下，你身邊可能的資源：

- **是不是哪個親戚家裡有什麼特色商品或資源？**

  小自自家種的水果、阿姨手工做的小工藝品，大至叔叔家的皮包工廠，或者某個姨婆有儲蓄幾千萬想要投資做生意等等。就有朋友架設網站銷售阿姨家的蓮霧，因為加上行銷包裝，主打「無機農業，推廣在地產業」等口號，銷售成績不錯。

  從小到大，每個人都累積了不少通訊錄吧！小學同學、中學同學、大學同學還有鄰居等等，你真的認識每個人嗎？說不定這其中有些人就擁有某種資源。

- **透過觀察，是不是看到什麼其他人沒注意的資源呢？**

  創業，不一定是想像中的需要幾百萬資金，或需要什麼智囊團，我要分享給你創業的三要素：

  1. 能力。
  2. 項目。
  3. 資源。

　　是不是很多人都以為，創業代表需要準備很多錢？

　　這裡我請讀者記下一句話，這句話非常的重要：

「創業就是空手套白狼。」

　　創業就是白手起家，凡是以為要有錢才能創業的，都沒有搞懂什麼叫做創業。只要你有我說的這三樣東西，就可以創造出錢，就算什麼都沒有，這個思維一定要打開呀！

　　你找到三個人：一個有能力，一個有項目，一個有資源，
　　你把這三個人拼在一起，我們一起幹。
　　　　　　　　——引用自《空手套白狼的真正奧祕是什麼》

　　為什麼要空手套白狼呢？因為你剛開始創業的時候沒有錢啊！我在書中瞭解到，比如李嘉誠、黃光裕、馬雲等大企業家，這些人都是白手起家，他們創業的時候也沒有錢。

　　記住！如果有錢的話誰還去創業啊？直接學投資不就行了嗎？就是因為沒有錢，所以才去創業，沒有錢去創業，所以沒有辦法，只能夠讓別人來跟你投資。

　　用別人的能力、用別人的資源、用別人的錢，你把這幫人組合在一起，說白了，什麼是空手套白狼？簡單四個字，就是

「資源整合」。

用吸引力法則找資源

　　很多人認為空手套白狼真的就是空手，你空手拿什麼套？我雖然創業是空手套白狼，但這不代表我是沒有成本的，基本的成本還是要付，我舉個例子：我要開一家公司，讓別人來投資我，我最起碼得先把這個公司給註冊了吧！註冊公司要不要錢？雖然不太多，但也是成本嘛！空手套白狼不是一毛不拔，一毛不拔你能行嗎？它是有成本的。

　　宇宙吸引力法則：
　　第一步：向宇宙發出要求。
　　第二步：相信已經擁有。
　　第三步：滿心歡喜的接受。

　　你呢？只有第一步怎麼可能成功，宇宙吸引力法則最難的就是第二步「相信已經擁有」，無數窮人都死在這一步上面，他們只能看到了他們才能相信，沒看到之前你要他相信，他就會說你是個騙子，很多人都做不到「先相信後擁有」，這就是你這輩子無法成功最重要的核心。你都連想都不敢想，那怎麼

能行啊！先相信後擁有。

　　我今天告訴你們的所有一切，不管是教你們配置資產也好，還是教你們財富自由也好，如果你不相信，這一切就等於零，或者說你在這個時候相信了，但是一回到家你又不相信了，還是等於零！

　　一個人成功有三種方法：

1.　為成功者工作。
2.　和成功者合作。
3.　成功者為你工作。

　　這個世界上之所以有的人會成功、有的人會失敗，就是因為他們大腦當中裝的東西不一樣，面對同樣的事情，想的方向不一樣。成功的人找方法、抓際遇，甚至創造機會，而失敗的人等待機會，甚至失去機會。

　　記得當初我賺的第一桶金，我一毛錢也沒出，他們看到是我的能力。第二次創業我一樣沒錢，不過朋友有資源、我侄子有項目、我有能力，在這短暫的兩年之內，我又一次變成了一個企業家，營業額上億臺幣，關鍵就是看準方向找對人。

　　的確，創業沒那麼簡單，但只要願意開始，其實也沒那麼難，就看你有沒有心。只要你有心就會發現，身邊本來就有資

源；只要你有心就會發現，到哪裡會有需求。這跟興趣及專長無關，很可能你創立的事業，是過往你想都沒想過的新領域。

例如當初我根本不懂機械，但因緣際會讓我掌握到親戚零件相關資源，於是生意頭腦「叮！」一聲亮起了綠燈，讓我知道「機會來了」。

有了機會，接著就是行動。

訂單在哪裡？其實最初並沒有訂單等著我，所有訂單都是靠雙腿跑出來的。

我只要掌握三件事：
1. 我確定要投入這事業。
2. 我確定這商品有市場需求。
3. 我確定我擁有這商品的銷售權。

接著就是靠勤勞了，懶＝窮，就這麼直接。20 不勤、30 不立、40 不富、50 而衰靠子助。父母給的叫背景，自己打的叫江山。不要假裝很努力，結果不會陪你演戲。

至於如何銷售、如何開創市場，那又是一門大學問了。

但我要強調的是，創業沒那麼難，只要有心，放眼望去四處都是機會；如果沒心，就算把開啟金礦的鑰匙擺在你面前也沒用。想創業嗎？拿起紙筆，開始記錄下你擁有的資源吧！

創業以及人才的養成

創業的關鍵就是：
入對圈子、找對的人、做對的事情。
圈子決定好的人脈開始，
內心的品質決定最後的結果。

幫助別人一起圓夢

　　當年我創立的公司叫做「九州標準件」，在當時是全中國排名數一數二的五金批發事業，如今我雖然已放手給子姪輩，但依然是中國該領域重量級的企業。

　　我們公司總部設在湖南，當我看著事業越來越成長茁壯的時候，我就決心要為我們朱家這些孩子帶來改變，這些人從小到大家境和我一樣在農村長大，每個人都遭受過和我一樣的童年，我是唯一可以帶著他們改變命運的人。

　　我在當時決定，統統把我的姪子、姪女招攬來公司，一方面讓親族可以長期聚在一起，二方面更是集合眾親族的凝聚力，好好的壯大這個事業。人因為夢想而偉大，因為學習而進

步，更因為行動而成功。

比爾蓋茲說過：「讓自己遠離貧窮是一種責任，幫助別人擁有智慧脫離貧窮更是大愛。」我透過培訓的方式，逐步讓家中的姪子、姪女培養專長，可以接任不同工作，力求占地更高、看得更遠、做得更大。

奮鬥使人堅強，奮鬥改變命運，奮鬥收穫成功。

人生的路上有奮鬥相伴，會更加精彩。讀者們，朝著自己的目標努力奮鬥吧！相反的，如果一心想要成功，卻忽視奮鬥的艱辛，這樣的人絕對不會成功。但是取得一點成功，就變得沾沾自喜、固步自封，其最終的結果還是淪為失敗者。如果跌倒一次便從此一蹶不振、不敢堅持奮鬥，必然是一個與成功無緣的人。

做生意有兩種極端的慘況：人倒或店倒。

店倒很容易理解，就是經營不善；但人倒卻是相反的情況，生意太好了，結果老闆被「累」死了。

這不是特例，這是全天下企業共通的問題。所謂「創業容易守成難」，翻開報紙，多的是企業家過世後，家族紛爭醜態鬧上頭版，內鬥後，企業自然也就內傷。或者接班人問題，兄弟鬩牆、哥哥告弟弟的，破壞企業信譽。

　　好吧！那不要走家族路線，就交給專業經營人吧！其實問題依然很多，很多企業鬧出什麼家族派與經理派的奪權之戰，專業經理人也不一定瞭解創業人的本意，往往搞到最後，已經退休的創辦人，硬是回來繼續領導公司。

　　總之，經營公司，人才是大問題。

　　以上講的都是指領導公司的這個大位。但公司存續還有賴更多人才，必須有銷售人才，必須有管理培訓人才，必須有財務規畫人才等等。往往，因為人才問題，讓天不怕地不怕的老闆，他從來不擔心業績不佳，卻因為內部人才荒而被弄到焦頭爛額，短短時間急白了頭髮。

　　說實在的，我當年在創立九州標準件時，也碰到這類的問題。初期還好，沒想那麼多，就帶著兩個姪子，甚至經常一個人單槍匹馬，就去到一個陌生鄉鎮拜訪客戶。也時常就我一個弱女子，被一群做黑手的大漢子包圍，看我展示樣品，以及推介跟我們公司合作的好處。

　　但發展到一個階段，公司的訂單越來越多，問題就來了。當我在甲城市跑，結果乙城市來電要討論下一季的訂單。剛開始，姪子們還沒有完全上路，很多事情都要我親自處理，所有的事都往我這兒來，又要開發新客戶，又要處理就訂單，可不

累死我了？

於是我把兩件事綁在一起：**業務跟教育**。

最簡單的做法是，我跑業務時，一定帶著兩個信任的子姪。依照不同子姪的本性專長，例如有的人個性比較謹慎文靜，可能適合管理倉庫，有的人笑口常開人緣好，適合在店裡當門面。

無論何者，至少都要跟著我跑一段時間，瞭解開拓生意的難處，以及客戶的需求是什麼。逐步的，我身邊有兩三至五個可以信任的人，這些人也要開始培養他們的夥伴，這樣才能形成一個營運團隊。

凡此種種，創業的關鍵在人才。請各位讀者記住，創業一點也不難，創業要「維持下去」才難。

進場與退場的時機

> 無論如何，
> 一個人要做到可以退場也可以再進場。
> 任何時候都遊刃有餘，才是真人才。

給女性創業人的建議

在 2006 年到 2009 年這段期間，我白手起家，建立起一個事業王國。但對我來說，人生中還有比事業更重要的事，那就是家庭，我想當個母親。

最終我選擇退出事業，透過有效的股權分配，我把九州標準件團隊分割成三個主力事業群，每個事業群由我親自教導帶出的子弟兵當負責人，這些人也都是能力經過我考核，值得信任的子姪輩。我無償把公司的經營權轉交出去，然後去臺灣好好當個家庭主婦。

但難道我變成家庭主婦後，就代表斷了創業之路嗎？這是許多人的錯誤觀念，一個女人絕對可以同時扮演好老闆也扮演好媽媽及妻子的角色，人不需要自我設限。

2013 年，我的第一家按摩護膚店在竹南開張，取名就叫「金鈴養生館」。接著短短不到五年時間，在 2018 年以前我已經自己擁有了三家店。

所以，任何人都可以如此，
你可以適當的進場，適當的退場，
然後依然可以再度進場。

雖然這社會講求男女平等，但必須遺憾的說，對女性的限制仍比較多，事實上是比男性多了太多束縛。

這篇文章主要針對女性來寫。世界各國都一樣，只有女性比較會有這類「進場跟退場」的煩惱，並且有很大的比例，一退場後就永遠不再進場了。當看到一個曾經帶領企業成長苗壯的社會菁英，後來走入婚姻後，不能再為社會貢獻，本來對這社會有 100% 的資源戰力，卻因為家庭因素，被迫要刪掉只剩 50% 的戰力，那也委實可惜。

以我自己的實例來看，我後來又創業成功，但也必須說，那過程不容易，即使創業，也只能選擇規模較小的模式，因為我還需要照顧孩子。

以女性來說，如果因為婚姻或懷孕必須暫時走出職場，要如何保有日後回歸工作場域的能力呢？

針對創業族，要想家庭與事業兼顧，必須記住幾項原則：

一、找回初衷

你愛你的孩子，這是根本的；你有你的夢想，這也是事實。因此，在心中，你不需為了某件事而犧牲另一件事。即便照顧嬰兒，心中依然能保有熊熊的熱火，願意為社會奉獻心智。

這樣的你，等到有一天孩子大些，可以交給保母了，那時依然可以重披戰袍。往往我看到許多人抱怨，當了家庭主婦就「回不去」，根本不是真的回不去，而是她的心已經不在了，反倒願意以家庭做藉口退出職場，還可以對外傳達某種遺憾。

「心」是最重要的，有心者，我相信任何人想再創業，絕對都可以。

二、不要中斷學習

學習分成兩種，一種是本職技能，一種是市場動態。

很多時候，曾經的女強人無法回歸職場，不是能力有問題，而是資訊落差，所謂的「時代不同了」。

例如曾經在商場縱橫談判，但後來離開三年再回來，

各公司窗口都換人了，市場上流行的商品也不一樣了，包括跟以前老同事談話也聊不起來，那樣就感覺回不去了。但其實她當初可以不要那麼絕然的與公司切斷，雖然身為家庭主婦，但她還是能夠繼續透過新聞雜誌瞭解市場啊！就算身為家庭主婦，推著嬰兒車，也還是可以跟同業老友見面吃飯啊！不至於落得資訊落差三年。

專業方面，則需靠著勤進修，在家也可以翻閱專業書籍，例如電腦產業可能更需與時俱進，因為軟體更新的速度太快。但是如果真的「回不去了」，也不一定要強求。像我的例子，我創業了，但我是開創全新的產業，從零開始，誰怕誰。

三、燃燒的熱情

所以，像我這般，為何就算當了幾年家庭主婦，後來依然可以創業，並且是在比較人生地不熟、身分也有諸多限制的臺灣？那就是因為熱情與自信。

老實說，我的內心從來不會想到「我會不會失敗？」、「我能夠做到嗎？」這類的問題，那根本不在我的選項裡。我就是覺得「我想做，就一定可以成功」。然後，我同樣也是在一個原本不熟悉的領域從零開始，創立事業。

這裡依然要強調，人人都需要懂得進場與退場，雖然女性比較可能遇到家庭問題，但其實男性也會有。例如有的人因家

庭問題、因車禍受傷，或者也曾經遇到有人因為「思考人生存
在的意義」，而帶著行李箱去世界各國遊蕩好幾年，最後才浪
子回頭。

什麼清大北大，跟不上我自己膽子大

王健林：什麼清大北大不如你的膽子大，
什麼哈佛耶魯不如你自己敢闖。
意思指：在成功的道路上永遠都缺少一樣東西，
他不是錢，也不是資源，更不是那麼高的學歷，
而是一個人內心當中的勇氣。
一切傲人的成績都源於大膽的嘗試，
一切偉大的成功都始於一顆勇敢的心曾經，
我以為自己可以是大多數人。
其實，每個人在這世上都是少數人，
都要學會一個人。

人總要有點冒險性格

有時候我們不得不接受生活的殘忍，但同時還要固執的相信未來。

或許你曾經經歷過聯考的日子，或是在時間內要完成某些專案而連續加班了三個月的日子。當時的我們或許不覺得苦，但現在想想那些時光真的很苦，這些過程都只為了完成自己心

中的那個目標。

　　有時候我們也不想讓自己這麼孤單的走過這些日子，但往往都是自己一個人這樣撐了過來，或許孤單是每個人都要經歷的時光，那才是讓自己可以撐到現在最重要的養分。路途孤獨，可誰又不是呢？孤獨是常態，相聚總要分別，無非是時間長短罷了。堅強一點，一個人，也是要學會開心、幸福和成長。

　　20 幾歲的時候，我就開始創業。小學文憑的我，學歷不高，所以也沒念過什麼商業大學系所，後來一切學習，都是在「社會」這所大學學來的。

　　從小都很自信的我，什麼清大北大，跟不上我自己膽子大，這是我的特點。

　　如果老天爺善待你，
　　給了你優越的生活，
　　請不要收斂了自己的鬥志。
　　如果老天爺對你百般的設限，
　　更請你不要抹滅了對自己的信心，
　　和往前奮鬥的勇氣。

　　當你想要放棄，一定要想想那些睡得比你晚、起得比你早、跑得比你賣力、天賦還比你高的人，他們早就在晨光中，

跑向那個你永遠只能挑望的遠方。

其實做生意就是自信心，就是以小博大。當時我從小公司起家，既然是小公司，也毋須自我設限，覺得市場缺什麼，就去進貨批來賣，帶著一點傻勁和膽識，不畏首畏尾，和客人談話充滿自信，擺出女中豪傑的樣態。就這樣，當我知道如何找貨源以及市場交易的基本行規後，我自己也懂得買賣，便下海成為貿易商了。

貿易需要資訊，資訊的應用多多少少需要冒險，資訊對了財富就到了。例如甲地缺米，你從乙地引進便宜的米，即可大賺一筆；但也可能誤判，甲地其實不缺米，或者甲地不喜歡乙地的米，那也可能讓商人血本無歸。所以，不只要有豐富的資訊，並且要有正確的資訊。

最早時候，我還在當行政助理，那時其實就已經有些冒險性格了。畢竟那工作並沒有薪水，而是帶著合夥概念，也就是說，你幫老闆做事，當這批貨賺到錢了，分到的也有你的份，，而非上班族領固定薪水的概念，而光是這樣，我當時年收入就遠遠超過同年齡的任何白領。很快的，我就有了自己的第一桶金，能夠讓我有本錢自己進貨，自己經營事業。

自己的人生要對得起自己，不要因為外在的環境，影響了自己想前進的動力。別管別人怎麼說，趁你還年輕，去做自己喜歡的事，但做任何事都要堅持下去，因為大多數的人堅持到

了半夜，卻倒在了黎明。

　　這是職場上的真實故事。某個跨國集團舉辦某城市分公司的交流會，讓底下員工有機會可以透過這類交流，近距離和總裁接觸。會場上，有個工程師帶點憤恨不平的起立發言，他問總裁，為何這世界那麼不公平？為何他每天為公司辛勤賣命爆肝工作，經常加班犧牲陪伴家人的時間，換取有限的年薪，但總裁卻可以指揮成千上萬像工程師這樣的員工為他賣命，成為首富？

　　總裁不疾不徐的回答：「這位年輕人你知道嗎？當我在比你這時還年輕的年紀，別人在想怎麼享受生活，我卻已在擘劃未來。我必須去看準一個機會，勇敢冒險，失敗了可能就淪為街頭遊民，成功了卻可以改變世界。但這中間，我要承擔多少的責任？多少的成敗風險？」

　　總裁說：「我願意冒險，也願意承擔風險，所以今天我站在臺上，我是首富，但你卻是我底下的一個員工。」

　　是的，我們可以去問問許多的企業總裁，在他們由平凡人變成企業家前，一定都有個「冒險」的過程。

　　如果一件事，甲知道、乙知道、大家都知道，那麼人人都可以當老闆。所謂企業家就是一開始抓住的是「絕大部分」不知道或不願意去嘗試的，他願意去嘗試，其中背後也代表著極高的風險。包括現在臺灣的諸多頂尖企業，許多都在草創初期

經歷重重危機，經常得跑三點半籌措資金，最終有驚無險這樣
走過來的。

可以問你一個問題，你想創業嗎？

但緊接著一定要問，你願意冒險嗎？

其衍生的兩個重點：

1. 成大事業者，必先要冒險

想要賺大錢，又害怕風險，天底下哪有這麼好的事？就算
想在路邊擺攤賣紅茶，都是一種風險。可能地點不對、紅茶口
味不對、季節不對、市場分析沒到位等等，原本興高采烈的開
張，卻可能三個月後就慘賠收場。

如果紅茶攤只是 10 萬、20 萬元的格局，風險還算是小，
而中大型企業往往都是幾千萬、幾億元的規模，所承擔的風險
挑戰更大。

回歸到自身，你願意冒這個險，還是一輩子繼續當個領薪
族？這是自我的抉擇，無關對錯。

2. 降低風險的方法，就是充足的資訊

回到我們的問題，那些大企業家們，為何成就大事業？
或許他們常常說最早時候是一場豪賭，但實際上都不是賭，他
們在做判斷前，一定有相當的資訊。包括台塑集團、台積電、

鴻海等跨國集團，最初創業時，都是先選定一個市場上可以切入、沒有競爭者的場域，勇敢投入。

但什麼是市場？內容包括時代趨勢、民間流行風潮、國際發展、競爭廠商等，不只要資訊，並且要懂得判斷。

可以舉個例子，假定今天有個能神通的仙子，她透過水晶球告訴你明年的社會種種狀態，知道這樣的市場資訊後，你就因此知道該怎麼做嗎？不盡然。因為資訊只是原始資料，還要懂得歸納、分析，最終做出結論。好比說環保材質會有市場、明年寵物用品會熱絡，研究市場確認這塊領域尚無競爭者，這樣再來投入。

就算如此，依然有很大的風險，不一定你的判斷準確，也許投資百萬、千萬元也可能血本無歸。

創業，人人想要。但第一要肯冒險，第二，你要訓練自己成為資訊達人，快速吸收，快速判斷。

《孫子兵法》有云：「知可以戰與不可以戰者勝。」如何「知」，這正是一個人是否可以創業有成的關鍵。

家庭主婦也能創立事業

人生因為有夢想而充滿動力，
不怕你每天邁一小步，只怕你停歇不前。
堅持是生命的一種毅力。

金鈴養生護膚館的誕生

　　當初剛來臺灣成為家庭主婦後，之所以會想要再次創業，
主因是先生在一次車禍中受傷，我不得不扛起家中的重任。那
段時間，我和先生彼此先轉換角色，因為受傷無法外出工作的
他，負責在家照看小孩，不過我在當時還沒領到臺灣身分證，
也就沒有工作權。加上人生地不熟的，去找工作還是有一定的
難度。

　　老實說，當時我只想找個維持生計的工作，創業對我來說
簡直是天方夜譚。在一次偶然的機會和一個姐妹聊天，得知她
在經營養生館，以前在大陸只是聽說按摩、指壓這類的，只知
道有這個行業，並沒什麼概念。經由姐妹介紹，就這樣來到店
內幫忙，多少賺點零用錢和生活費，感謝姐妹給我學習和工作

的機會。

當時在店內，也有其他大陸來的姐妹，但相信只有我多留了一分心眼在這個事業上。當別人只是忙完鐘點，收了報酬回家，我腦中卻不斷在運轉著。我仔細觀察，以這樣的一家店，從白天開店到晚上打烊，大概有多少來客人數？每個客人平均的服務單價是多少？如果把來客數乘以消費金額，這家店的日營收是多少？我腦子就在轉這些東西。

當然我也會計算成本，根據我的觀察，做這行的，主要成本就是房租。苗栗的租屋行情，以及我們這樣職工每小時的工錢，都可以計算出來，我只要稍微轉一下腦袋，就會清楚浮現出一張報表。

我發現，做這行其實是挺有賺頭的，不需要什麼特別行銷，一天假定來 20 個客人，每個客人扣掉給師父的服務費，至少還有淨利 600 元，也就是說，一天收入基本上會有一萬塊左右。一個月下來，就算扣掉房租及水電等雜支，還是會有可觀的營收。

生意算盤一撥動，我的整個事業魂就動了起來。我當時立馬確定要做兩件事，第一，就是要加強自己的技術，第二，我要開始留意竹南有沒有適合承租做為店面的房子。

我是即知即行的人，才剛去那家店服務沒幾天，就開始把腦海中的藍圖一一實現。

　　在那家店，老闆娘雖也指導我該如何按摩技巧，但有粗淺的程度，根本無法真的學到東西。我後來是自己在報上瀏覽，看到有一家專業按摩教學招生，於是便去找專業老師上課。

　　那時的我，一方面家中要拚經濟，一方面若去上課也須付學費，因此得充分利用時間。我的作法是，每天早上趕去教室上課學習技能，下午再趕回店裡上班，就這樣一邊上課一邊賺錢。不到半年的時間，我已經算是按摩這領域的專業，取得執照後，也瞭解更多包含人體穴位等知識。那時先生的傷已經康復，可以復出職場了，但我決定不再回去當家庭主婦，因為我的創業夢想已經啟動。

　　不久後，第一家「金鈴養生護膚館」就開張了。

　　從這個故事可以看到我積極努力的決心。

創業容易嗎？

　　根據市場上的研究顯示，約有八到九成的成年人希望自行創業，自己當自己的老闆。所以照理講，出來闖天下的人應該有一大堆才對，但事實並非如此。損失趨避，失業的風險讓我們完全想不到別的事情，讓我們看不到創業的機會，看不到創業成功的海闊天空。想到創業，就會想到創業失敗的風險，而一想到風險，我們就連第一步也踏不出去。

　　有野心才能得到自己想要的，如果你連想都不敢想，那你連輸的資格都沒有。

　　人生就是一個磨練的過程，不怨天尤人，如果沒有這些酸甜苦辣，你永遠都不會成長，所以，我們應該在陽光下燦爛、風雨中奔跑、淚水中成長、拚搏中展望。

　　幸運是自己爭取來的，成功是自己打拚來的。一個人必須自己用功認真敬業，才能讓幸福找上你，如果做事沒熱誠、不積極、不敬業，他就會變成一種習慣而讓自己變得消極、沒有目標、沒衝勁，就像「破窗理論」說的一樣，會使自己變平庸，甚至使自己的身體和靈魂變得破舊可怕。有人說：「忘卻失敗的人，才會成功，充滿信心、熱情有勁、活力十足。」

1. 做事情就比別人「多一份心」

　　的確最早我只是要養家活口，但這和創業不衝突，畢竟，若可以變成事業賺更多錢，那當然最好。因此對我來說，工作不只是工作，我會用心去「學會」那個工作。

2. 找出致勝的竅門

　　觀察是為了什麼？第一，是為了找出可以工作更有效率的方法；第二，是開發出商業營運模式。

　　前者是任何人在職場上都該做到的，不論你是在銀行上班，或是在賣場服務，身為新人，有機會本就要跟前輩多學習，讓自己工作更有效率。後者則真的有賴機緣，當初我就是發現到商機，於是再次燃起事業魂，所以想要從事這行。而我透過觀察，就可以精算出我應該付出多少成本，然後有多高的報酬率等等。

3. 付諸行動，加強實力

　　當確定這是一門我可以做的生意，是我可以創業的項目，接著就要加強自己，加強兩項，一個自然是能力，另一個是財力，這兩者我當時都分別投入。能力方面，我為了加強實力，自己去找專業老師進修；財力方面，後來我也跟先生討論，盤整手邊有的資金，由於美容護膚產業創業成本我們評估還負擔得起，最終就真的創業了。

　　說起來很簡單，但每天有數百萬人在不同職場裡工作，又有多少人因為用心在職場觀察，然後找出竅門，最後自立門戶，變成老闆呢？

　　用心、觀察以及行動，就是創業有成的關鍵。

創業前的評估

做任何事之前，先問自己輸了能承受得了嗎？能就幹，不能就不幹，這件事還沒有做之前，給自己一個最壞的打算。

因為做任何事情都有可能輸，在做事之前先想到輸，然而一旦啟動事業，就只能想贏。我們腦袋只想好事，用宇宙吸引力法則只想好事，用贏家思維來做事，用輸家戰略來定方向。

到底什麼是贏家思維？舉例說明：今天我想創業，我要投資 10 萬元，而且我在投資之前就會認知我是投資 10 萬元，如果虧了我能不能夠承受？如果能我就做，我覺得我能，會用 50 萬元投資，我虧掉 20 萬元還剩 30 萬元。當我開始做的時候，我就不能想輸的事了，我必須腦袋只有一個字，那就是「贏」。

最直接的一句話，最好的老師就是你的同行：

複製＋創新＝成功

在你剛開始創業的時候，不要急著做，決定要做這件事了，輸家戰略已經訂好了，我輸了能承受，此時先去研究同行做得最好的，而且跟你在同等條件下做得最好的，比如說你今天剛起步，你不要去找上市公司學習，那樣離太遠了。你要找一個也是剛起步、開始盈利的公司學習，甚至親自去他的公司

上班，或是找人去他的公司上班，把他的所有東西模式學過來，轉而為你所用，這就是贏家思維！

　　記住，做任何事情都不會讓自己留遺憾，因為謀事在人，成事在天，我們百分之百努力了就不會後悔，我們做到99％的努力，剩下1％交給老天爺就可以了，反正輸了也是可以承受，這就是輸家戰略、贏家思維。

如何讓自己變有錢人的學問

> 學習到底對一個人有多重要？
> 「人」真的要活到老學到老，
> 當你不懂得學習的時候，你永遠都不會成功；
> 當你停止學習的時候，你也就是停止了成功。
> 所以全天下最有錢的人，都是最愛學習的人。

金鈴，你為何有錢買房開店？

　　我相信我們大家都渴望自己能發財致富，都渴望過富人的生活，都渴望能夠財富自由。

　　曾經我一無所有，在我年少的時候，看到父母親為我們六個孩子在偏僻的大山裡辛苦工作，後來當我走出大山的那一刻起，我發誓這輩子一定要致富，要讓爸媽過好的生活，我一定要成為有錢人。

　　怎麼樣才能致富呢？致富有沒有祕訣？致富最重要的祕訣是什麼呢？

　　送給大家一句話叫「窮者思變」。

　　當初我在深圳，發現在中國，南方人比北方人更有錢，特別是廣東潮汕一帶，這裡誕生了李嘉誠、馬化騰、黃光裕這樣的富豪，真的是因為當時他們太窮了，只能靠自己，然後他們都會想，如何去賺錢？

　　當你有了「窮者思變」的想法，被改變的時候，要怎麼去改變呢？兩個字：學習。

　　這幾年來，我花了上百萬元到全世界各處去學習，每次都會碰到很多大企業家，他們都在現場學習。學習太重要了，人要活到老學到老，今天的我仍一直不斷的學習，當一個人不停學習的時候，會真正改變你的命運。記住，學習才能使人成長，成長才會有成果。

　　記得剛來臺時，我堂嫂提醒過我一件很重要的事，就是要跟銀行搞好關係，我聽明白了，後來我把每天不管賺多少錢，我都它存進銀行，要用的時候再拿出來。我反覆做這個動作，慢慢的，銀行的帳戶滾動越來越大，我便開始買房產。

　　很多朋友見到我就會問我：「金鈴，你真的很厲害，你是怎麼理財，怎麼能在很短時間內買車、買房、買店面？」

　　其實我跟大家一樣，只是可能認識不同的人，平日多一個心眼而已。當初被環境所逼，窮困潦倒的我，總是會花雙倍的時間和努力在工作上。

做個值錢的人

人一輩子活著有兩個追求：一個是有錢，一個是值錢。

有錢的人不一定值錢，但值錢的人早晚會有錢。

一個人不斷學習，努力的過程就是讓自己不斷值錢的過程，值錢之前是你求別人，值錢之後是別人求你。

「值錢」前後這一轉變叫做「價值轉折」，也就是一個人的「個人價值」從「量變」到「質變」的過程。學習讓自己值錢，學習讓自己增值，學習讓自己成長蛻變。

人生最大的成本，

就是在錯誤的人際圈不知不覺耗盡一生，

我寧願在富人堆裡面做一個窮人，

也不要在窮人堆做一個富人。

為什麼你跟百萬富翁在一起，你就會變成百萬富翁呢？

請問當你身邊全都是窮人的時候，他們窮人的能量一般都在 200 分以下，跟這些能量低的人在一起久了，你的能量就會被他們拽下去，而且窮人在一起講最多的話是什麼？「賺錢好難呀！」、「我沒有錢呀！」、「錢要省著點花啊！」、「萬

一虧了怎麼辦！」這全部都是負面資訊，你身邊那些人講的每一句話，就算你不信，也都在無形之中影響著你的潛意識。

我們如果進入富人圈，請問富人的能量等級在多少分以上？在 500 分以上吧！都透過喜悅或愛來維持，如果你的能量等級比較低，你跟能量等級比你高的一夥人在一起，你的能量會被他們瞬間拉升，而且富人講的最多的話是什麼？「賺錢太簡單了，想喝白開水一樣簡單，像呼吸一樣簡單，這個世界充滿了財富。」你說虧了怎麼辦，他說萬一賺了呢？窮人說：「人不要有夢想，反正實現不了。」馬雲說：「人一定要有夢想，萬一實現了呢？」

一個人的結果是怎麼產生的？
你的結果是由你昨天的行為產生的。

你昨天的行為產生你的結果，我昨天的行為產生了我的結果。我們為什麼會有不一樣的行為？因為我們的思維不一樣。為什麼我們會有不一樣的思維呢？因為我們所處的環境，接觸到的環境不一樣。

環境決定思維，思維決定行為，行為決定結果。

認識什麼是真正的資產

跟對人，做對的事，人脈就是錢脈。當我跟著那群懷著正能量的人一起學習財商時，才知道什麼叫被動收入，什麼是資產，什麼是負債。

房產只有在三種狀態下才是資產。

第一種：把房子租出去，租金大於房貸，這個時候房子是你的資產，因為有租金流進口袋。

第二種：房子升值以後，把房子賣掉賺了差價，差價有進你口袋的叫資產。

第三種：把房子抵押融資投資，賺了更多錢叫資產！你今天做了一筆生意需要 500 萬元，拿 500 萬元馬上可以賺 600 萬元回來。你沒拿錢出來，而是把房子抵押了融資 500 萬元，這 500 萬元瞬間賺了 600 萬元回來，這個房子就是你的資產。除此狀態下，不好意思，你的房子就是負債的狀態。

什麼是資產？什麼是負債？
能夠幫你賺更多的現金流就是資產，
不能幫你帶了現金流，
只能給你帶來支出就是負債，
就這麼簡單！

窮人與富人的差別

富人認為只有花出去的錢才是自己的，錢的作用只有一個
——購買資產，如果我的錢不能夠買資產，不能產生信用，我
的錢就是一張紙，富人非常懂得這個道理，而你們不懂，你們
把錢當命，你們把錢當人生第一目標，所以中國人很多人就是
「人在天堂，錢留銀行」。美國人看懂了，所以美國人不但把
自己的錢花光，還去銀行借錢出來花完，然後死了，是標準的
「人在天堂，債在銀行」。

人類如果有一種投資只賺不賠的話，
那就是投資你的腦袋。

永遠記住，3%或97%的人最大的區別就是，3%的人會
投資脖子以上，97%的人只投資脖子以下，富人用腦袋賺錢，
窮人用體力賺錢，所以一定要學會投資脖子以上。在做事的時
候不是先做這件事，而是先去學習，只有這樣你在做的時候才
有機會贏，一定是這樣子的，贏有贏的規律，輸有輸的規矩。

窮人花錢買負債，富人花錢買資產，不斷增加資產、增加
被動收入，減少負債、減少支出，被動收入大於支出等於財富
自由。

　　我們要擁有一個正確的金錢觀，你會發現錢不是越多越好，而且每個人對財富的定義，對於窮人或富人的定義，可能會顛覆你對財富的認知。什麼是財富？財富不是你今天賺了多少錢，而是留住了多少錢，並且能留多久。

　　真正的財富，不是用金錢的數量來衡量，而是用時間來衡量。真正的財富，不是你今天賺到了錢以後想幹啥就幹啥，而是要想有錢以後不想幹就不想幹啥。

　　真正的富人不是用錢的多少來衡量，我們有 1 億元就是富人，錯！縱使你有 100 億元，但是你還是必須要工作，我看到的你還是窮人。

　　我們用被動收入來衡量，這個人是窮人還是富人；
　　我們用是否實現了財富自由來衡量，
　　這個人是窮人還是富人。

　　如果一個人很有錢，但是沒有自己的時間，成天忙著事業，把自己都給累死了，在我看來這種不叫富人。你們有沒有發現，很多人他不是擁有事業，是被事業擁有；你們有沒有發現，很多人他不是擁有了財富，而是被財富擁有。有了財富卻沒有了時間、沒有了生命、沒有了健康，你們真的認為財富是一件好事嗎？

　　捫心自問，如果今天有一份工作，讓你每天能夠賺到 80 萬元以上，你會怎麼幹啊？你說你會玩命幹！幹到什麼時候？幹到中風為止！請問，命都沒有了，你還要錢幹啥？

　　當你今天擁有一份工作，一天可以賺 80 萬元，真的可以玩命幹的時候，請問這 80 萬元對你來講，到底是福報還是業障了？幹到中風為止，怎麼就不能夠從 80 萬元中拿出 50 萬元做工資，讓別人幫你幹，你倒賺百分之百被動收入 30 萬元，想去幹啥就去幹啥呢？

　　有沒有人發現，思維一變就全變了，沒有學過財商之前，一天能夠賺 80 萬元就玩命幹，幹到最後中風了，老婆跑了，孩子走了也不認你了，自己也快沒命了。

　　而當你學過財商之後，得知既然這個工作能夠讓我賺 80 萬元，我拿出 50 萬元請人幫我幹，而我被動賺 30 萬元，這才叫被動收入。

什麼叫做財富自由

　　我們要追求財富自由，但是什麼是財富自由？

　　第一是人生自由，第二是時間自由，第三才是財富自由，第四是心靈自由，第五是靈魂自由。當你活到這個層次，你才活到了生命的無比精彩。

　　那麼既然我們追求財富自由，結果犯法了，人被關進去了，人身自由就沒了，這時要錢幹啥？所以現在很多人為了財富自由、為了名利不擇手段，工作做了五年賺了 500 萬元，結果犯法被抓了，然後判他賠 600 萬元，還要坐了五年牢。如果你為了賺了 500 萬元，結果不但賠了 600 萬元，還要坐五年牢，早知道在家歇五年有多好，你們聽懂了嗎？

　　人生真正的快樂不是你擁有了多少金錢，而是要找到突破自己心靈的鑰匙。施比授有福，助人為樂之本，謙虛是持續成功的保證。

　　還有，富人不說的真相你敢聽嗎？

　　真相是 97% 的人，活著的唯一目的，就是為了幫上 3% 都能活的，這不是真話。窮人把錢存在銀行，銀行把你的錢貸給富人，富人開公司請你工作，用你的錢、用你的人、用你的時間，這就是真相。

　　窮人為什麼會窮？富人為什麼富？錢到底是資產還是負債？

　　很多人肯定說錢是資產，其實錢是負債。不管你手上的錢是美金還是人民幣、臺幣，只要你拿在手上，就一定是貶值的，錢就只是流通貨幣，它的作用只有一個：就是流通，它的作用只有一個：**購買資產，產生現金流**。

如果你的錢不能購買資產，

如果你的錢不能產生現金流的話，

你的錢就是死錢，

不會產生任何價值。

一個富人的思維，他永遠不會把錢存在銀行，窮人把錢存到銀行，富人把窮人的錢貸出來。窮人永遠不願意把錢花出去，窮人永遠認為錢是資產，所以就會把錢留在自己口袋，認為這樣子比較省錢。沒有一個億萬富翁是省出來的，富人永遠會把錢花出去，富人永遠花錢買資產，所以窮人越來越窮，富人越來越有錢。

錢不是萬能，但沒有錢是萬萬不能，一切美好都必須以金錢做保障，金錢來源與拚搏，沒有拚搏的精神，就是富裕也會變貧窮。坐吃山空，即使有金山、銀山，到最後也會變成窮光蛋，做個守財奴，想保持原財產不動，都還需要拚搏才行。

Chapter 5

家庭成長篇

傷心的 2009：試管嬰兒記

這裡我要分享的是一些過往人情世事，
有些可能讓人傷心，在心中烙印了某種傷口，
但發生的已經發生了，
我們無法回到過去做任何的糾正，
只能希望在未來的日子裡，
大家都已經足夠成熟穩重，
能夠有著更多的愛與包容。

那場讓我崩潰痛哭的悲劇

　　時間回到 2009 年，那年我遭逢一事重大挫折，辛辛苦苦等待好久的試管嬰兒孵育，只因護理人員的失誤，讓我們的一切付諸東流。

　　我是 2009 年正式來臺定居的，但在那之前，我已經跟隨夫婿來臺幾次，也見過公公、婆婆，我這中國北方來的女子，試著去體驗亞熱帶島國的感覺，聽說這裡終年溫度偏高且濕熱，許多中國來的朋友無法適應。我自認是個什麼都不怕的人，過往事業碰到難關打不倒我，不同環境的地理及氣候對我

更非難事。

　　然而在初來臺時，打擊到我讓我痛苦的，卻是懷孕生子。為了給自己和家人一個交代，我勇敢的接受挑戰……

　　自 2006 年結婚以來，我的母性讓我真的很想要一個孩子，但可能因為太忙碌於創業，拚經濟的同時，就不免無法顧及到家庭，兩年來遲遲沒有孕事喜訊。於是我和先生決定，那麼我們來做試管嬰兒吧！

　　關於試管嬰兒，首先要知道兩件事：

　　第一、這件事需要時間和金錢。

　　第二、這件事很折騰。

　　特別是對身為當事人的我來說，前前後後為了這件事受了很多苦，乃至於到最後出現那樣的結局，讓再堅強的我也不禁崩潰痛哭。

　　雖說生兒育女是夫妻兩人共通的事，但主要承受苦難的都是我，從最初的卵子培養，到胚胎移植，到最後受孕。過程中我要躺在病床上，忍受許多的煎熬，被注射各種我叫不出名稱的藥物。注射後還需要被抽血檢驗，而即便過程中有許多專業醫療人員陪同，這件事依舊有著很高的失敗率，可能一個疏忽或者母體本身的不適應，就整個功虧一簣，付出的時間精力和金錢都付諸流水。我當時就碰到這樣的悲劇。

　　那天本來是已經進行到試管嬰兒流程很關鍵的一道步驟，

也就是「取卵」，要取卵之前，要先打破卵針，約定的時間是當天晚上九點。因為這件事對我們夫妻來說太重要了，我們不免都有些緊張過度，結果真的緊張壞了事。原來所約定的晚上九點，就是指當晚九點，但不知為何，我和先生都聽成是早上九點。

如果只是這樣也就罷了，不過是白跑一趟。但很不幸，我們碰到了不夠專業的護士。當初為何要指定時間，當然是算準應該取卵的時間，非指定時間不該打針，但當時那位護士卻說，既然你們都已經來了，就現在幫你打吧！

這一打，整個壞事了。由於不是正確的時間，結果就是做白工，之前所有的花費及努力前功盡棄。

當我知道打錯針了，一切都得重來，我這個最堅強的女人，也不禁當場崩潰痛哭。過往兩年已經前前後後花了至少200萬元，做了許多的檢查，並配合醫生的種種指示和打針、服藥等等，如今一切努力都白費了，那有多令人心痛啊！

寬容之心待人

悲劇發生後，當時家人們都很生氣，甚至揚言要控告醫院，畢竟這是院方護士的疏失。反倒是我站出來，表示人家護士也不是故意的，事情發生就發生了，再怎麼訴訟也沒意義，

還不如想下一步該怎麼做吧？

　　無論如何，皇天不負苦心人，2010 年我這回懷孕成功了，並且一次成功三胞胎。

　　關於那個護士，後面是另一個故事：

　　事情發生了，不可逆了，你應該怎樣呢？

　　如果你繼續陷溺在舊有的悲傷裡，那就代表那件事「還在持續進行中」，如果你讓憤怒控制你的人生，甚至心中惦記著要報仇，你就會永遠被那個事件綁住，大家都繼續過自己的人生，只有你仍被困在過去裡。

　　情緒化是正常的，畢竟人非聖賢，都有七情六慾，被傷害會難過甚至崩潰，但重點在於這個過程要持續多久，是一陣子，還是一輩子？

　　2009 年那年的試管嬰兒事件，曾經我內心也憤恨不平，真的很生氣，為何那位護士如此不專業，做事那麼不慎重？她不僅害我損失了時間、金錢，並且帶來內心很大的打擊，特別是在經歷了我和小姑間的紛爭，我們真的很渴望有個小孩，但她的失誤，一針誤事，讓過往努力化為烏有。

　　然而我沒有選擇告她，並且這是一開始就做的決定，沒有太多的內心掙扎，因為在我傷心難過的同時，我仍抱持著善念。我知道如果透過訴訟，我們這邊完全是站在法理上，官司要贏沒問題，醫院帶給我們龐大的損失及傷害非常明確，不僅

僅是耗時費日的醫藥費用，還包含無可彌補的精神損失，我當時整整有一周的時間，心緒難以平復，哭到淚已乾，整個人跌落谷底。

　　即便我在最傷心的時候，我依然清楚想到，我們這一告，那個護士可能一生都毀了。

　　那個護士看起來大約20歲出頭吧！可能是剛從學校畢業，還沒有太多職場經驗。印象中，她算活潑開朗型的女孩，可能太過樂觀，做事有些漫不經心才釀成大錯。

　　如果官司一打，第一，她在職涯路上剛起步就要花很多時間跑法院，並且留下負面印記，可能未來求職路上都會帶著陰影。第二，一旦判決下來，賠償金額絕對是上百萬元起跳，這些賠償不會由醫院承擔，而必須由犯錯的當事人負責。

　　可以想見，當一個初階護士，可能月薪沒多少錢，大約每個月一拿到薪水袋，大半的錢都要用來分期繳賠款，而且大概繳到30幾歲才繳得完。總之，她的青春已經完蛋，同時她每個月都將抱著悔恨的心情工作。

　　原諒她吧！就算她被處罰，對我有什麼好處呢？整個錯誤也沒辦法因此得到挽救。於是我就放過她，不去追究種種的過失。或許也因為這樣一念之善，事隔一年，這回我就真的求子

成功，老天也是在開玩笑吧！孩子不來則已，一次就來三個。

這件事也讓我決定定居在臺灣。

人生就是如此，當初若只生一個小孩，那麼我的心願已經達到，我可能會再次回到事業之路，我認為只要照顧一個小孩，要兼顧事業是沒問題的。這樣的話，我就會回到我在湖南的企業總部，之後的人生也就跟現在完全不同了。

然而，一次三個孩子來報到，我們一方面興奮，另一方面也不知所措，這下子，我們必須專心帶孩子了，三個孩子照養的責任重大，更何況當初是早產的情況，我絕不願意抱著任何失去孩子的風險。於是，我決定定居在臺灣。

真的，這就是人生。

傷心的 2009：婆婆與小姑

如今我有三個可愛的孩子，
但這三個孩子得之不易。
我雖然很長一段時間被認為是職場女強人，
但本質上，我的內心仍是傳統女子，
對我來說，事業成功不是我人生第一要務。
金錢，賺就有了，
但如果沒有一個完整的家，
對我來說人生就失去意義。

第一天上學的樣子

傷透人心的簡訊

2008 年，我就是因為內心的母性，當時我寧願逐步退出我開創的事業，也要擁有自己的孩子，也因此不惜投入很多資金，在做試管嬰兒嘗試。而在那之前，為了更加融入家庭，我就已經跟先生回到臺灣，跟婆婆住在一起。

孩子是我的全部，是我非常介意的一件人生大事，也是我當年內心很脆弱的一塊底線。

但 2009 年，我的小姑，衝撞到我的底線。

　　原本我來到臺灣，和公公、婆婆以及小姑們見面，初識時，都是很和諧愉快的。那時候，婆婆還經常帶著我這位大陸媳婦，想要去走走逛逛，認識臺灣這個美麗的寶島。

　　然而，中國固有的傳宗接代觀念，逐步破壞我們的關係。一方面，我和先生遲遲無法生出孩子，這打擊了我生為女人的自信；另一方面，婆婆也逐漸有些懷疑我這個媳婦是不是不會生，讓我倍感壓力。

　　總之，那陣子我個人的壓力非常大，在那當下，除了我先生外，有一個最該用同理心支持我的人，卻選擇在那時候傷害我。那個人就是我的小姑，也就是我先生的小妹。

　　她當時也是結婚多年不孕，中途遭受了很多的痛苦或折磨，但一直不見懷孕好消息，等了好些年，總算在 2008 年有孕，並在 2009 年生產。我在臺灣的時候，小姑剛好因為坐月子待在娘家，也就是我的婆家。

　　那時我為了試管嬰兒經常跑醫院，有一次手術要切除兩邊的輸卵管，住院過程中，除了先生外，其他人很少來看我，公婆各來過一次，這就是大陸女孩在臺灣的無助。幾天後，我拖著虛弱的身體出院回到了家裡，看見婆婆正在給坐月子的小姑送飯到她房間，婆婆對我這個剛從醫院回來的媳婦不聞不問，習慣受傷的我當時也沒有太在意，便默默的回到了房間。

　　幾天後的一個晚上，我突然發現我老公手機上面有小姑發

給他的一段訊息。這輩子第一次看到三百多個字的訊息，其中有一段話上面寫著：「你老婆是一個不會下蛋的母雞，你跟他離婚吧！」

看到這裡，我心裡的怒火一下上來了，平時很少和小姑互動的我，心裡明白這一定是婆婆教唆小姑發這則訊息給先生的，在我生病的時候，婆婆竟然還在背後這麼傷人。

讀者看到這裡，應該覺得很生氣吧！同為家人，竟然暗中鼓動哥哥，要把這個不能生育的女子休掉。

其實，那次我也是無意間看到的。起因於一張電信帳單，明明我和先生剛回臺灣還不到一個月，但帳單竟然高達 2、3000 元，到底中間打了什麼電話啊？我為了查明原因，於是趁先生睡著時，拿出他的手機來檢查。當時就看到有一則簡訊標題很奇怪，一點開，就是小姑傳給我先生的「告誡」，那篇文章還很長，總之內容就是勸哥哥早點把這個女人趕走，讓她回老家吧！

我看到這訊息，初始非常訝異，因為天底下哪有人這麼沒道德？繼而是非常生氣，是的，事實俱在眼前，這不是開玩笑的簡訊，是真正想要破壞我們夫妻婚姻、搧風點火的訊息。

當下我非常傷心難過兼滿腹怒火，整個人呆坐在那裡，整晚沒睡覺。半夜把我老公搖起來，我拿著他的手機對他說這則簡訊的事，他有點不知所措，並當場跟我保證，他收到簡訊時

也很訝異，但他不會理他妹妹的，請我放心。

我則忍住即將落下的眼淚，用近乎嘶吼的聲音對他說：「我警告你！你絕不可以把那封簡訊刪掉。如果你敢刪，我們的婚就離定了。」

於是一場山雨欲來的風暴，已經醞釀中。

怒意大爆發

如今雖然事隔多年，但每當我想起當時的心情，依然有些情緒起伏。

當時的我，若是一味忍讓，可能就會變成一個軟弱、任人欺壓的媳婦；但如果要爆發憤怒、破壞和諧，那又會掀起多大的波瀾。事實上，即便今天的我，有著更多的心靈培訓以及人生成長，但如果我回到過去再次面對那樣的情況，我實在無法想像該如何處置。

人生就是如此，當你碰到像連續劇般，令人難以置信的事，有人竟然公然鼓吹破壞你的婚姻，你該如何是好呢？

再怎麼生氣，我還是守住基本的做人道理，守住善良本性。那時，我的小姑還在坐月子。我知道，在國人的觀念裡，坐月子是很重要的事，如果那三十天裡有了什麼閃失，將可能會導致一輩子無法治療的宿疾。我再怎麼生氣，罪不及子女，

也不想害她身體一輩子種下病因。

　　所以只能忍。

　　那段日子，全家的氣氛非常詭譎。畢竟，我先生手機簡訊曝光的事很快大家都知道了，公公、婆婆再怎麼疼女兒，發生這樣的事，也不能再護短。而小姑本人則是做賊心虛，經常躲在房間裡不敢出來。

　　當時小姑才剛坐月子十幾天，還有大約半個月才做完月子。我滿腔怒氣，也選擇暫時避開，孤單傷心的我沒地方去，只好先借住在我一個堂嫂公司，也是我上班的地方，偶爾還可以協助她們家的薑母鴨事業。

　　或許家人覺得風波可能拖久了就會煙消雲散，但這麼嚴重的事，當然無法坐視，如果我這回忍了，以後可能家人會更無法無天。終於等到她滿月，禁忌期過了，那天我回到家，整個白天小姑閉門不出，不敢打開房門。

　　但終究晚上七點用餐時間還是要下樓，大家吃了一頓戰戰兢兢的飯，飯後，我交代先生先去幫忙小姑看她的孩子，公公、婆婆則還在客廳，我一個人衝到房間找我小姑理論，爭吵中兩個人扭打了起來。

　　婆婆見狀似乎也被我的舉動嚇壞，她見我也要找她算帳，嚇到躲在房間把門鎖了起來，我站在婆婆房間門口，直到她把房門打開的那一剎那，她對我咆哮了起來，走到樓下，我也毫

不示弱追了下去，把家中所有門窗都打開，對她大吼大叫。

婆婆急了，她試圖阻止我把門窗打開，我大聲的對她說：「你怕了是嗎？你怕全天下都知道你是個惡婆婆是嗎？」

憤怒中，我順手抓起放在茶桌的玻璃水果盤，用力的摔在地上，水果盤碎了，多年我想的溫柔、恭順的兒媳婦形象不見了，我的心也跟著碎了。那個時候我非常難過，為了試管嬰兒，我付出了極為慘痛的代價。

出發點都是為了愛

凡事的發生必有其深意，必有助於我。

也許，傷心難過的遭遇，正足以磨練我們，讓我們更加堅強，也讓我們見識到自己，當事情發生的時候，是否可以做到自我掌控，還是讓一切失控？

生命，真的就是一場又一場的考驗。平時我是一個煩惱不過夜的人，生活中如果有惹到婆婆不開心，我都會主動跟她和好，我與婆婆的相處之道，最關鍵的還是選擇改變自己。首先我把公婆定位為自己的父母，我把關心和照顧他們排第一順位，遇到衝突時我總是先檢討自己，看自己哪裡還可以做得更好。此時我發現海闊天空，所有好的事情都發生在我身上，婆

婆願意幫我做任何事，那一刻我是無比的幸福。有時他不理時，我還會撒嬌般的問她：「小姐小姐你怎麼了？」、「小氣鬼還在生氣呀？」、「媽我愛你。」有時逗到她無可奈何，就笑著說：「真拿你沒辦法，算了算了⋯⋯」

　　大吵過後我冷靜了下來，第二天中午，我做了一桌子公婆喜歡吃的飯菜，請一家人坐下來吃飯，並當著大家的面向婆婆道歉：「媽對不起！請原諒我昨天失控的行為，可是你知不知道，你長期這樣不公平的對待，我是如此傷心難過忍讓著你，那是因為我相信家是講愛的地方⋯⋯從我來臺灣那一刻起，我是多麼的渴望你能把我當成女兒般的看待，你是我唯一的依靠，你卻如此的殘忍，我沒有辦法繼續忍讓你的冷漠與無情，今天才大膽的挑戰你，對不起！我會用行動繼續的愛你、孝敬你，請你給我時間，也再給我們彼此一次機會好嗎？」

　　經過這一次的爭吵，婆婆改變了，平時工作忙碌的我下班回到家，常看到一桌子的飯菜，心裡滿滿的幸福和感恩，後來我們變成了「朋友」一般相處在一起。得到上天的保佑，我成功生了三胞胎的孩子，龍鳳胎兩女一男，事業有成，現在的我是婆婆眼中最棒的媳婦。

　　回想起我自己的經歷，我在反思，溫柔恭順並不一定是好媳婦，無私的付出不一定能夠喚回好的結果，一味的忍讓並不能有效的解決問題。

　　我發現，發脾氣並不一定是件壞事，吵架或許還能加深彼此的感情，因為，吵架可以是一種高效的溝通方式，只不過是稍微激烈一點的溝通方式。恰到好處的「吵架」、聰明的「吵架」，更能直接高效的幫你解決問題或矛盾。

　　所以在生活中處理親密關係時，不要害怕吵架，不要害怕暴露自己不完美的那一面，當你展現出最真實的一面時，也可以瞬間拉近你們彼此之間的距離。

　　面對問題可以吵架，但不可以逃避問題，
　　可以有情緒，但不要冷淡。
　　只要我們不要忘記，這些激烈的表達，
　　出發點都是為了愛。

　　一個人之所以能成功，不是贏在學歷或能力上，而是在他的心態。每一次的經歷都是對心態的修煉，就看我們是否願意抓住這種機會，在挫折或打擊中不斷強大自己。學會放下，放下是一種大度，是一種徹悟。放下才能走得更遠，才能伸出手來抓住真正屬於你的快樂和幸福。

　　相信自己，你就一定可以做得到！人生的遭遇難以控制，有些事情不是你的錯，也不是你可以阻止的。你能選擇的不是放棄，而是繼續努力爭取更好的生活。

陸配媳婦的文化衝突

不糾結才能嚮往幸福前行，
很多人都佩服我殺戒決斷的能力，
但我知道，我其實遇到過許多棘手的情況。
遇事不糾結，你才不會為其所累，
每個人的生活都是由各種未知變數造成的，
很多時候，
我們糾結其實更像是逃避現實、迴避壓力。

連溝通都被認為是在罵人

　　我知道在東方，婆媳問題自古以來皆是一門難修的課題，不論是在中國、在臺灣，乃至於在其他東南亞國家都是這樣。但必須說的是，身為一個非本土媳婦，要面對的不只是傳統的孝道與女性自由間的爭執，還必須先去適應不同的文化，畢竟，當時的我已經年過三十，在中國打滾了很久，已有根深柢固的舊有習慣，一來到臺灣，人生地不熟，要面對紛至遝來的壓力，真的很難承受。

　　文化差異是多層面的，並且深入生活中的每個細節。

　　舉個例子來說，在臺灣，人們會講「窩心」，那是什麼意思呢？臺灣人都覺得這個詞很溫暖啊！是講一個人的行為或言語，可以讓另一個人感動，心中有溫暖的意思，那是個很正面也很感性的詞彙。然而在中國北方，所謂窩心，卻是指類似噁心的概念。

　　可想而知，當人們好意稱讚我，好比說送禮給人家，我的舉動很讓他們覺得「窩心」，我的內心其實會感受不太舒服的，就算後來已經知道在本地「窩心」的意思，但過往文化習慣積累已久，明知道沒惡意，但聽了依然就會影響心情。

　　而這只是其中一個例子，生活中還有種種的語詞以及禮俗上的不同，所帶來的誤會或者更嚴重的負面衝突，自然不小。

　　包括別人講我，我會誤會；我去講別人，也一樣因語言寓意或習慣不同，有所誤會。最常見的一個狀況不是別的，就是我的講話聲音。

　　大家都知道，中國北方人的嗓門本來就比較大，這是遺傳，千百年來都如此。但是在臺灣，特別在婆媳間和長輩間，我本來只是想陳述一件事，卻因為嗓門大，就被認定是我在「罵人」。兩人間的溝通，也常常因為這樣的緣故，被解釋成是在「吵架」。

　　一旦被這樣認定，那麼我就會被指為中國來的媳婦強悍欺壓婆婆之類的，我是多麼無辜，被這樣誤會又是多麼難過。

更慘的是，我一個人來臺灣，舉目無親，當時甚至都還搞不清楚東西南北，身上也已經沒錢。受委屈了，無處訴苦，跟先生吵架，一氣之下衝出家門，但接著呢？我可以去哪裡？

過往曾是事業女強人，但初來臺的時候，我卻成了毫無資源的陸籍媳婦，沒有爹娘照顧，若連自己先生都因吵架跟你冷戰，那麼，我只能去……麥當勞。

那時候非常的可悲，連要跑出去也沒地方去，也不敢真的離鄉背井去到其他城市，因為天生的母性，我還要顧忌著孩子。

所以我那時只能孤孤單單的困在麥當勞，困一個下午，欲哭無淚。心中充滿了絕望。

這就是我這個陸配最初在臺的感傷。

身為過來人，我知道陸配在臺灣有很多的無助和不快樂的遭遇，但這不是在責怪誰，我想，任何不同文化的接觸，都會有相衝突的地方。我不鼓勵對立，也不會鼓吹陸配逃家，追求自己的幸福。

我認為，不論我們求學或工作，本來就不能盡如己意。總不能一遇到不如意就選擇逃避吧？除非真的是可怕的家暴，或者已經精神虐待到會讓人崩潰，否則家家有本難念的經，溝通才是我最建議的路。畢竟當初會相戀結婚，一定也曾經是彼此相愛的吧！不論日後碰到夫妻爭執或者水土不服問題，我認為

解決問題之道，還是尋求圓滿的家庭生活，沒有經過努力，都不要輕言放棄。

彼此適應的學習過程

2010 年，我來臺定居，同時，也是我連續幾年婆媳互動學習的開始。

我不說是婆媳鬥爭、婆媳對立，或者婆媳不和，我寧願說是婆媳間的彼此磨合適應，以及婆媳間因瞭解學習而越來越接受彼此的過程。

說實在的，我原本是個很獨立的女性，從小我就可以自立自強操理家務，入社會後更是屢次白手起家創業。都已經進入二十一世紀，我也想著，所謂的婆媳問題應該都只是連續劇裡的劇情，依我的個性，是不會碰到這種事的。

然而實務上，我嫁入陳家後，不論如何，就是一個外來女子進到人家家族裡，婆媳之間的互動以及衝突，本就「必然」會發生。

那你要怎樣呢？你過往是女強人，所以你要硬碰硬去強壓老人嗎？你要用犀利的嘴巴去鬥垮丈夫的媽媽嗎？如果鬥贏了，你又能怎樣？

當真正碰到問題了才知道，
婆媳問題不像面對事業經營般的邏輯，
這裡沒有輸贏，只有如何讓彼此「和諧」。

　　這門功課，我也是學了很久才抓住竅門。

　　必須公平的說，我的初始是善意的，但婆家這邊，一開始就難免帶著偏見。如今事過境遷，多年後我已經和婆婆成為朋友，但時間回到 2010 年我初到臺灣的時候，做婆婆的，內心裡一開始就有兩個預設立場：

　　第一個預設立場，我婆婆是一家的主人，媳婦們侍奉長輩是天經地義的。

　　這部分植基於東方自古以來的倫常觀，「孝順」是做人的基本道理，不孝會下十八層地獄的。兒子必須孝順父母，至於媳婦，更是「附屬」的概念，只比傭人好一點。反正就是要聽候婆婆差遣。

　　由於千百年來，一代又一代的婆婆也都當過媳婦，所謂「媳婦熬成婆」，從前自己吃過苦，等到自己升格當婆婆了，當然要換媳婦吃苦。

　　第二個預設立場，外籍新娘，特別是內地來的新娘，都別有居心，必須格外提防。

　　這個觀念當時也帶給我很多困擾，不只是我婆婆如此，

許多臺灣在地的親族長輩，似乎總愛用異樣眼光看我們這些陸配。不知道為何，臺灣老一輩的觀念，總是認定大陸女生嫁來臺灣，都是來騙錢的。

在更背後的思維，其實就是腦袋仍停留在過往「臺灣富裕發達，大陸經濟落後」，既然是來自「經濟落後」甚至「沒文化」的地方，自然被認定是別有所圖，貪圖夫家財產。

為何很多陸配在臺灣不幸福、離婚率高，怨偶也特別多？當然主因還是當事人自己的抗壓性不夠，但實務上，也真的是陸配面臨比臺灣本土新娘更大的挑戰，當現代人自由觀已經深植內心，她對「被歧視」的容忍度就特別低。

如果將這樣的內心不平化為言語，生活中就會有更多的婆媳衝突，加上夾在中間的自己先生，可能仍站在傳統孝順母親的觀點，講話也站在媽媽那邊，讓身為媳婦的陸配更加難受，最終演變成離婚，就似乎變得不可避免。

另一個讓陸配在臺灣日子更難熬的，就是生活控制。通常來說，婆家控制媳婦有兩大主要手段：

1. 經濟控制

由於陸配在臺，一來沒身分證，二來也不熟悉臺灣，所以多半是無法進入職場，也無法賺取收入，只能靠丈夫養。那麼，只要婆婆慫恿兒子控管生活費，平日不要給媳婦錢，每日只計

算足夠的買菜錢給她就好。

　　媳婦沒錢可以去哪？就連偶爾想逛街，或是口渴想去買瓶飲料都沒「預算」，更別說回大陸娘家看望父母了，這是陸配何等的淒涼。

2. 親情控制

　　多數的陸配一旦與婆家爭執，最後鬧到不愉快，卻依然無法離開，牽絆她的關鍵，就是孩子。母子連心，這是天性，一個女子就算再怎麼痛苦想離婚，可是終究捨不得孩子。畢竟身在臺灣，主力的關聯就是婚姻關係，一旦沒了婚姻，就沒有留臺的依據，必須被遣返回中國，可能這一輩子都難再看到自己的孩子。

　　此外，當初風風光光嫁出去，如今這樣子單身回來，那要忍受多少鄉親的冷嘲熱諷啊？多少母親因為這樣對孩子的捨不得，也因為愛面子不願意離婚，於是被迫繼續生活在水深火熱般的痛苦人生。

　　以上就是陸配在臺常見的情況。

　　那我的情況又是如何呢？

彼此適應的學習過程

2006年我的母親去世，2010年來臺灣後，我跟婆婆說：「不論你對我如何，我總是把你當成我的另一個母親，是不是有一天，你也可以真的把我當成你的女兒一樣看待？」

當然，愛的培養需要時間，如今，我和婆婆的感情很好，我也答應一輩子要照顧她。

但回首這段日子，幾乎長達三年的磨合期，之前我們的互動，難免還是有那種電視八點檔裡婆媳紛爭的誇張劇情，直到這些年我們的關係才漸漸改變。這中間有許多的挑戰，我是一一克服過來的，也證明只要肯用心，沒有做不到的事。

放下過去，我知道這是很難的，尤其是過去十分的美好，而未來令人恐懼的時候。但是你不得不認真思考現實，因為現實才是你擁有的。過去雖然是你渴望的，但那只是你的一個妄想。你必須回到現實認清這一點，不要令自己迷惑，活在當下、享受當下。

畢竟人生是旅程，而不是終點，
為自己做好準備，
保持一個清醒的意識，
僅僅活在當下。

當你愛的時候，你不會恐懼失去，
原本充滿火藥味的婆媳關係，
依然是可以變成更親密的關係。

剛來臺灣嫁入陳家的那一、兩年，對我來說，婆婆就是一個很強勢的女人。當時的我，尚未體會出一個最佳的相處之道，過往職場女強人的企業魂依然在，所以婆媳間彼此的確有很多不愉快。簡單講，就是我不讓步，她也更不可能讓步。身為人家媳婦，我本身是做事負責的人，但我無法忍受，這樣的我還需要被人家指揮。

那時婆婆講話都是以命令式的語句，也就是植基於傳統觀念裡婆婆是一家「主婦」的威權觀點，她想行使她擔任指揮官的權力，要我做這做那的。

做事當然沒問題，有時候覺得她口氣不好，但我忍一忍也就過了。但婆婆很多時候感覺上就是想故意挑戰你的忍耐底線，甚至我在想，是否臺灣的婆婆都是像她這樣，喜歡惡意刁難媳婦？

例如，每天早上打掃房間，她會叨唸：「你怎麼連廚房都整理不好？」接著跑到客廳，眼睛像雷達一樣，掃射到什麼地方她可以說嘴，就據以指責我這個懶媳婦，怎麼這裡那裡都沒清理好？

　　那時我即便一早起來就勤奮的張羅好家中大小事，但婆婆永遠就是不會滿意，好像她只要講好聽話，就不夠資格當婆婆似的。總之，她認為她的職責就是要天天挑媳婦的毛病，甚至當看到我和先生互動親密，她老人家竟然頗為吃味似的，不時叨唸說兒子娶了媳婦就忘了老媽養育之恩之類的。

　　那幾年，我在家非常痛苦，誰喜歡自己一睜開眼，接著一天 24 小時都處在被責備的狀態下呢？我想就算在嚴格的軍隊中，也不會碰到這種永遠被釘的狀況吧！

　　但比起一般陸配來說，我當時至少還有一個比較好的寄託，那個人就是我的老公，他最值得我稱頌以及愛他一生的特點，就是在他心目中，永遠都把我放在第一位子。

　　我母親離世前幾年，他不但用心陪伴，甚至把她當成自己的母親一樣照顧。之後我嫁來臺灣，只要發生任何的婆媳爭吵，我一想到她是我最愛老公的媽媽，便選擇忍讓，他也不會跟著母親一起來鬥我。

　　當然他也不至於一整個偏袒我，但至少做到客觀中立。事實上，他也習慣了母親愛叨唸的性格，平常也安慰我，他母親就是這種個性，要我忍耐一下。

　　平日當婆婆又在念媳婦的不是，情節輕微的，我老公就不介入；但當婆婆言詞比較嚴厲，指責我怎樣怎樣的時候，我老公就會站出來幫我辯護。

　　我想，在我剛來臺灣那幾年，還比較不適應的時候，感恩老公願意挺我，做我的心靈依靠。

　　這是我後來可以撐過婆媳磨合期的主因，也是我生生世世愛我老公的主因。

婆媳關係：愛是一切的答案

> 婆媳對立，因為中間沒有「愛」。
> 當你說你要據理力爭的時候，
> 多半就是把對方當成一個「敵對的對象」，
> 如果你的心境如此，婆婆心境也是如此，
> 那麼兩造不管如何互動，永遠都會是對立的。
> 只要是對立，爭吵就永無寧日。

打造一個愛的土壤

2013 年，當時的我依然經常和婆婆不愉快，她很強勢，但我也不是個弱女子。經常有爭執時她叨唸我，我先裝作不知道，可是她若繼續煩我，我也不怕和她回嘴。

畢竟我從中國來臺，遠離家鄉，我覺得我的心靈要夠強大，才能讓我生存下來。我只要認定我不是惹事的人，我就永遠理直氣壯。可是一年、兩年下來，事情終究沒有往更好的方向去。直到有一天我真的想通了，原來「心」才是一切的解答。其實領悟的過程是漸進的，並沒有什麼明確的事件改變我，總

之，到後來我能夠用「心」來重新審視婆媳關係，這才是後來
關係變好的關鍵。

　　很多時候，我們強調一個道理，但自己卻不一定完全依循
那個道理。例如我當時常跟婆婆說要「換位思考」，但直到我
自己領悟前，我也沒有充分做到換位思考。例如我覺得「自己
受委屈」，或者我認為自己站得住腳，可以理直氣壯和對方抗
辯，但當我做這些動作，我依然是站在自己的角度，沒有換位
思考。

　　真正的換位思考，舉個例子吧！你和男朋友一起出外散
心，因為他剛和主管吵架，一氣下遞出辭呈，你們走著走著，
這時候你不小心絆了一下，他很生氣的說：「你怎麼連路都不
會走。」這樣的對話非常過分，你跌倒他不扶你就算了，還這
樣子罵你。可是你卻不會怪他，反倒好聲好氣跟他說是自己不
小心，而他也知道自己不該把氣出在你身上。以上這整個過
程，因為你知道男友失業了心情不好，可以「體諒」他，所以
他若有不宜的行為，也懂得「包容」他。

　　重點來了，為何體諒？為何包容？前提絕對是因為「愛」，
如果他不是你男友，就不會有這樣的體諒與包容。

　　現在將同樣的思維運用在婆媳關係間，也是同樣的道理。

　　是的，那是我逐漸想通的一點，但這並不是平白無故，只
看了些勵志書或親情倫理電影，就下了這樣的結論。

「愛」不會無中生有，「愛」一定要有個土壤。

如果我跟先生不合，或者我打一開始就厭煩婆婆，那麼後來就很難發展成「愛」。

實際上我在一邊做日常家務時，一邊也想起了從前，腦海中憶起了一幕幕的畫面：

當我們還住在東北的時候，先生他不管白天再怎麼忙，每天晚上總不吝撥出時間陪我母親聊天，就算是雞同鴨講，也不顯露厭倦。當時母親撐著脆弱的軀體躺在床上，感到了無生機，但只要一接到我先生打來的電話，她就立刻活了起來，像是找到生機似的，又感到快樂的意義。她也跟我說，她跟我和女婿相處的時光，是她人生最快樂的日子。

當我回憶過往，我想念母親，不禁落淚，也想起我當時的感動。是了，我想起這種種，也記得我當時的誓言。

如果你願意盡心盡力對我母親好，那麼我做人媳婦的，我也要盡心盡力的對你母親好。

心態變了，世界就不一樣

就此一念，我心態變了。

往後和婆婆的互動，儘管剛開始相處幾年偶有爭吵，但表

面上看起來和從前一般的衝突對立，實際上，婆婆面對的我，已經不是從前那個「不准你欺負我」的那個媳婦，而是一個「用心和媽媽討論」的女兒。

儘管我變了，婆婆暫時還不會變，但「愛」真的會改變一切，如果你心中裝滿愛，恨就自然消失。後來，我們的關係就越來越不一樣了。

> 人與人之間的互動，
> 本來就需要不斷的調適，
> 並且因應不同人的個性，
> 而有不同的做法。

有時候，面對不愉快的對待，你必須反駁，否則對方以為你喜歡這樣被對待，因為對方不是故意對你不好，是他以為你喜歡這樣。

有時候，面對對方的無理取鬧，你會選擇不去計較，不是你放棄溝通，而是你和他之間有一定的信賴基礎，知道他無理取鬧的背後沒有惡意。

不管是哪一種互動，都是需要用「心」瞭解。前提也因為對方是值得你用心去瞭解的人，否則若只是辦公室裡不熟的同事，或是路上相遇的陌生人，硬要因細故跟對方吵架，那就太

沒智慧了。

當我重新用心看待我的婆婆後，我和她的互動的確有了調整。當然，主要是我調整，婆婆還是依然故我。

我的做法如下：

1. 基於愛，我會陳述我的意見

例如，婆婆還是習慣東挑毛病西挑毛病找事刁難我，我有機會就試著跟她講道理。我這邊講了，但她可能還是不領情，反倒說我自以為比較偉大，完全不把老人家放在眼裡，總之就是忤逆不孝的媳婦。

若是從前的我，聽到我好心的溝通換得她的惡言相向，我一定會很生氣。但改變心態後的我只是想著，我已經說出我的想法，你現在還不明白，但我會繼續努力。

2. 基於愛，我會用行動證明

很長一段時間，婆婆真的把我當仇人般看待，刁難我其實就是在表明她「不希望我在家」。從前的我，就會和她繼續對抗，但改變心態後的我，反倒真的平常心了。

事實上，若想成一個固定會叨唸講話攻擊你的人，把這件事想成她就是這樣子，當你習以為常，就不會生氣了。就想像成她是遊戲裡角色扮演，被分配到的任務就是嘮叨罵人。

　　而我的做法是不被她的言語影響我的情緒，繼續做好我該做的事，依然好好的把家裡打掃乾淨，把晚餐料理準備好，並且我都會和顏悅色的問婆婆：「媽媽，你晚上想吃什麼？」

　　人非頑石，日久心依然會感動。試想，我如此不分春夏秋冬，就算是每天罵我，我每天依然這樣和她問候，她會不會被感化呢？

3. 基於愛，我再不和她計較

　　人為什麼會想要和另一方爭辯甚至對罵？那一定是心中不服氣，想和對方「拚輸贏」。但想一想，你跟一個 3 歲小女孩在一起，她童言童語的說：「你臭臭，你討厭，你走開啦！我不喜歡你！」你會和這樣的小女孩計較嗎？你會氣沖沖的和她對罵嗎？只要是成熟的成年人，都不會做這種事。那麼，為何當婆婆批評我們、指責我們時，我們要情緒大波動呢？

　　這件事說起來容易，但真正要做到「波瀾不興」，需要內心真正的調整。

　　例如曾經有很長一段時間，婆婆每和我不愉快（其實我只是陳述我的意見，沒和她吵），她就會和我「冷戰」。她第二天不說了，改用「貼」的，有時候我一起床，走到哪都看到紙條，房門、廁所、廚房都貼著「這是我的東西不許動」。一天才剛開始，就看到家中到處貼著這樣的紙條，是不是很容易讓

一個人心情不好？但我已經轉變心境了，初始看到這些紙條，難免仍心中有氣，忍耐幾次後，轉為對這類紙條感到又好氣又好笑，真的跟小孩子作為沒什麼兩樣。更後來，我已經可以把婆婆這樣的行為一笑置之了，反正一早起來看到到處都有紙條，我連看都不看，就一張張撕下來丟掉就好。

然後每天依然晨昏定省：「媽，你今晚想吃什麼？」

最後我終於和婆婆變成了好朋友。

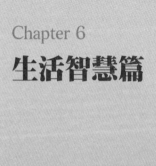

Chapter 6

生活智慧篇

實用生活智慧分享

生命的意義就是讓自己開心的活著，
做自己喜歡做的事，
跟生命的長短關係並不大。

用心過好你的生活

如果你這輩子都沒有為自己而活，就算活了 100 歲又能如何？如果你每天都活得很開心，每天都能真實的做自己，做你喜歡做的事，和自己喜歡的人待在一起，二十、三十年、四十年這樣的生活，哪怕只活十天，我都覺得生活就是有意義。

一個人能笑著看待自己的生命，
這才是活著的最高境界。

很多人一輩子都活在生存的壓力下，為了衣、食、住、行，為了金錢或物質拚命的工作，拚命的賺錢。即便已經有錢了，還是很多人進入這個死循環，習慣性的認為自己缺錢，因著這

樣的思維，讓自己為了錢不停的工作，為了物質不停的工作。

我們從來沒有認真的生活過，

沒有時間陪我們的家人，

沒有時間陪我們的愛人。

假設此時此刻你的生命只剩下 10 分鐘，

你最想做的一件事是什麼？

你最想見的人是誰？

這個時候可能每一個人一定想的不是工作，也不是你的公司和你的房子，更不是你的金錢，而是你的父母、老公、老婆和孩子，你的生命最後的 10 分鐘你有什麼特別想為他們做還沒有做得呢？可能有太多遺憾，為什麼不現在就來愛呢？不要活得那麼堅強，從現在開始讓自己柔軟，讓自己成為愛，只要有了愛什麼都會有，為什麼到人生最後的 10 分鐘才活在這份關係中呢？是嗎？

自己生命當中最重要的就是你的家人。

但是你有多久沒有好好陪自己的家人了？

我覺得生命非常完整和圓滿，我們需要事業、需要家庭，還有，我們要守護好生命的健康。

我們很多人把過多的生命都投入在關心事業，事業可能占了 90％，然而你有沒有關心自己的健康？有沒有把時間給你

的家人？

　　所以當你最愛的家人離開的時候，你會特別特別的懺悔。為了事業把健康弄到一塌糊塗，我相信這是很多人都會犯的錯，包括我自己，以前我就是這樣，那表示我們從來就沒有認真生活過。

　　當你老了，一生最後悔的是什麼?

　　第一名：90％的人後悔年輕時努力不夠，導致一事無成。

　　第二名：73％的人後悔著年輕時選錯了職業。

　　第三名：62％的人後悔對子女教育不當。

　　第四名：57％的人後悔沒有好好珍惜自己的伴侶。

　　第五名：45％的人後悔沒有善待自己的身體。

　　健康是「1」，剩下的都是 0，
　　健康是生命中不能被剝奪的財富。

　　你的成就與成功，為你的收入增加許多 0，10 倍、100 倍、1000 倍等等，只有當你有了健康這個「1」在前面，後面無數個 0 才有意義，幸福比成功更重要，健康是幸福的基本。

　　我們永遠都要把健康排第一，
　　事業排第二，家庭排第三。

每一項都缺一不可，我們要用分三之一的時間經營健康，用三分之一的時間經營事業，三分之一的時間經營家庭，這樣你的人生才是圓滿的、幸福的。

家庭經營的智慧

人們常說：「說話是門藝術，話要好好說。」但家庭往往是最容易被我們忽視的地方，越陌生，越禮貌客氣；越親密，越無所顧忌。因為知道對方永遠不會怪我們，我們反而將言語的刀子衝向家人。家庭並不是無堅不摧的，幸福的家庭需要經營，一個家庭的幸福，從好好說話開始。

1. 夫妻間相處：尊重比責怪重要

懂得好好說話的家庭，往往幸福感更強。

婚姻中的兩個人相伴多年以後，總會認為無需顧忌與對方說話的語氣和態度。原本的關心到了嘴邊，就變成了埋怨與指責。在一起時間久了，耐心被消磨，即使是出於好意，但說話時也沒有考慮對方的感受，只是一味的抱怨責怪，久而久之的惡性循環，家庭生活便會出現危機和裂縫。

夫妻之間的任何小問題，都可能會變成影響家庭幸福的大

麻煩，即使是婚姻再親密的兩個人，也是獨立的兩個個體，也會有各自的感受，再親密的人也會被言語刺得不舒服。很多時候，換一種說話方式，兩個人的心情會截然不同。好好說話，多表達擔心，少一些指責。

　　家庭生活中，有很多男人經常對老婆說：「對我媽好一點，我媽養我不容易。」卻沒有一個男人說：「媽，對我老婆好一點，我老婆她離開父母，一個人來咱家多不容易呀！我們要好好的對她。」所以男人們要對自己老婆好一點，不要讓她感受到委屈或孤單，畢竟她只有你一個人可以依靠。沒有不孝的媳婦，只有不懂事的兒子，在婆媳關係裡，身為兒子又是丈夫的男人，你有舉足輕重的位子，在家裡男人不該讓任何人傷害自己的妻子，哪怕是母親也不行。愚孝是一把鋒利的刀，一刀可能砍斷你辛苦經營幸福的家庭，如果努力過後婆媳之間還是處不來，保持距離真的是最好的選擇。

2. 婚姻與事業的平衡

　　關於事業的問題，說白了就是錢的問題，這是人生的第一課。只要你活著，你就得跟錢打交道，你就應該有事業，不管是男人還是女人。

　　有的女生認為我是女人，只要把家庭顧好就行了，事業不關我的事。這是不對的，我見證過無數人跟老公關係特別好，

結果老公有錢了，事業也好了，自己就當家庭主婦了。兩年後老公出軌，為什麼？因為當你成為一個家庭主婦的時候，你完全開始依賴你的老公，你沒有經濟來源，你跟社會脫節了。

女人只要在家當家庭主婦，不可能天天梳妝打扮自己，你要出去見人就得打扮一下自己，當你不出去見人的時候，你很快就會變成了黃臉婆，很快就和社會脫軌了。見到老公只會伸手要錢，你老公怎麼可能不去找別的人呢？

婚姻是要靠經營的，必須要用心，才能夠給對方帶來無可取代的感覺。狐狸精和老婆 PK，老婆只贏 3 項，狐狸精贏了 97 項，為什麼？因為老婆只會做三件事：洗衣、做飯、帶小孩。

所以在此要提醒女人們：
任何時候我們都要把自己整理好，
要對自己有信心。

女人們記住這幾句話：
吃在肚裡叫脂肪，擦在臉上叫重生。
女人有三件事不能停：
不能停止學習，不能停止美麗，不能停止賺錢。

「學習」能提升氣質，「美麗」能帶來自信，「賺錢」能

享受尊重。

我們不要拿年紀做藉口，無論哪個年齡，都要對自己有要求，像個女漢子一樣工作，像個女神般的生活。

靠父母只能是公主，

靠男人最多是王妃，靠自己才是女王。

所以不管是男人或女人，都應該有屬於自己的事業，只有擁有事業的人，才是有魅力的人，人生下來就要做事，如果沒事幹，人生就廢了，所以說人一輩子最重要的就是事業。

認清情緒是魔鬼

掌握情緒是成功的保證，

一個人的生命燃料就兩個字：情緒。

所以有沒有發現？如果一個人情緒不好的時候，哪怕住在豪宅裡他都不快樂！不要生悶氣，不要發火，生氣就是用別人的錯誤來懲罰自己，每天不開心的活著。

以前我也經常跟老公吵架，現在很少了，為什麼？因為我

能觀察到他情緒的升起，當我看到他生氣、會有情緒的時候我就走開，那不是我老公，情緒就是魔鬼，他是被魔鬼附體。

我為什麼要跟他溝通？當一個人有情緒時，你跟他溝通的時候他只會把你的情緒也拉出來，你們兩個人都成魔了，那不就要打架了嗎？接下來一定會沒完沒了。

我能夠看到、觀察到別人的情緒，我也能觀察到自己的情緒，要避免爭執，這是一個很好的法門。

希望所有人都不要再生氣了，學會做一個觀察者，每天寫觀察報告觀察自己的情緒，然後使用自己的情緒，讓自己的意識走到情緒前面，就能讓生活過得和諧愉快。

關於教養的智慧

孩子活得好不好，
比自己活得好不好更重要。

對於孩子的培養，四個字：獨立自主

　　小時候的我像個野孩子一樣，碰到什麼事都要自己想辦法解決，才造就了現在的我。請問你家的孩子是認養的，還是野生的？假定有兩隻老虎，一隻是認養的，一隻是野生的，哪一隻老虎比較厲害？答案不用說了吧！就算你家的孩子是隻老虎，如果你抓住不放，他就會被你圈養成了貓，因此一定要記得，要給孩子自主能力。

　　拿我們家的三個孩子來說，因為我平時工作非常忙碌，幾乎沒有什麼時間陪伴他們，除了假日偶而會帶他們出去走走，剩下的平日在家，大家都要各自

全家福

分配工作。例如姊姊做飯、妹妹洗碗、弟弟拖地板，平日都用視訊和孩子溝通。才 10 歲的年紀，他們只要是媽媽不在家，餓了就會自己弄來吃，日子久了什麼都會了，哈哈！這就是放牛吃草的好處，他們都有自主生活的能力。孩子活得好不好，比自己活得好不好更重要。

父母給孩子最好的禮物就是榜樣，
孩子給父母最好的禮物就是榮耀。

更重要的關鍵是，我們要培養孩子解決問題的能力，讓他們自己去嘗試、去試錯，因為只有經過自己的磨練，他們才能夠增長智慧，才能擁有穿透黑暗的能力。

一個沒有經過堅難挫折的孩子，就像是一個沒有打個疫苗的人，一旦生一場病就會要他的命。所以當雞蛋從外面打破的時候是一個食物，從裡面打破的時候是一個新的生命。養魚重在養水，養樹重在養根，養人重在養心。

在批評中長大的孩子，責難他人。
在恐懼中長大的孩子，常常憂慮。
在嘲笑中長大的孩子，個性羞怯。
在羞恥中長大的孩子，自覺有罪。

在鼓勵中長大的孩子，深具自信。

在寬容中長大的孩子，能夠忍耐。

在稱讚中長大的孩子，懂得感恩。

在認可中長大的孩子，喜歡自己。

短短一段話，道出了不同的原生家庭，會帶給孩子怎樣不同的性格特質。

看見孩子的未來

大人的格局決定孩子的未來，

只要我們給他們改變世界的夢想，

有獨立思考的能力，

我們的下一代一定會超越我們。

我們的孩子若有 85％的優點和 15％的缺點，大部分的家長都忘記看見他的優點，只記得他 15％的缺點。

發明大王愛迪生，當學校的老師都放棄他，認為他一無可取，把他帶回家交給他媽媽時說：「笨蛋還給你。」愛迪生的媽媽卻對他說：「別人看不起你，媽媽覺得你很棒。」看孩子的角度不同，結果就會不一樣，最重要的是，給孩子自信。

有人問我，對孩子的期望是什麼，

我不假思索地回答：健康，快樂，會記得我。

最近自己一直在想，有一天我老了，會希望孩子怎樣對我？他們以後對我會有什麼有記憶？會想到爸爸給他們什麼？

我會希望我的孩子能夠想到好多好多，例如和他們一起騎腳踏車、爬山、一起在游泳池競賽、到處走走的好朋友。

然而，有人和孩子每天的生活模式卻是早上刷牙、洗臉、罵小孩、晚上是吃飯、沐浴、罵小孩，這種生活式，你期望孩子對你的記憶又是什麼？

教育的目的，是教他成為一個人。

我們反省一下自己的生活是這樣嗎？每天忙得像頭豬，每天做牛做馬，每天活得像機器人。

你偉大的貢獻只是工作嗎？我們讀了那麼多書是為了工作還是為了生活？很多人生活就是拚命讀書、努力工作、

和孩子的歡樂時光

203

拚命賺錢，最後是養病。

不要忘了讚美你的孩子，讚美可以用最少的力量發揮更大的效果，看到孩子的優點就去讚美他，讓他覺得有成就感。例如我女兒很喜歡煮飯，我就讚美他：「今天是誰家的孩子做這麼多好吃的東西呀？」女兒就會越做越起勁。

打破親子關係的惡性循環，父母要做的三件事：

1. 放自己離開，不再扮演照顧的角色，子女已經成年時，他們不再需要你的指點，不需要你的供給。去過你自己的生活吧！這才是當父母應該做的。

2. 放下擔心，過度的擔心是你只相信自己的能力、見解、判斷，而不相信子女可以自己處理好，對子女的擔心就像是隱形鎖鏈、會困住孩子想飛的翅膀。

3. 放棄干預，如果執意影響孩子的決定，那是在「搶」他們的人生，人生的路誰想一直坐在後座，該把方向盤交給子女。

父母為孩子考慮未來沒有錯，
但是無條件地相信孩子可以做到，
才是對孩子未來最好的支援。

對孩子的教育

教育的格局，就是人生境界的差距。

例如遇到一個乞丐時，有一位家長對孩子說：「你如果不努力，以後就跟那個乞丐一樣。」另外一位家長則對孩子說：「你努力了，長大就有能力去幫助他們。」

家長的格局影響了孩子的格局，教育就是關鍵。

父母一定要做到的四件事：

1. 在家裡媽媽不要總是斥責爸爸，爸爸是力量的象徵，老是被斥責，爸爸就無法把力量傳遞給孩子，孩子就會變得懦弱。

2. 一定要讓孩子自己去經歷，只有自己摸索出來的才叫能力。

3. 讓孩子吃點苦吧，你老是擔心他現在吃苦，以後他會吃更多的苦。

4. 允許孩子犯錯，犯錯就是成長，讓他摔了跟頭，痛了，下次才知道怎麼樣不會再摔同樣的跟頭。一定要告訴孩子，遇到總是欺負你的人，反抗一次，他就會怕你，這是人性。你越是退縮，他就越過分、越欺負你，但只需要一次，拿出勇氣奮起反抗，他就會把你當作人，

感覺到反抗的力量，他就不敢再輕易的欺負你。

培養孩子的貴氣，此貴非彼貴，貴氣並非一定出自豪門，因為貴氣並不是指財富的多少，貴氣指的是父母的格局、父母的心胸、父母的教育理念，更是父母的身教。

心理學上認為，孩子的自信，以及對自己作為一個人的價值肯定，從根本上講都是來源於父母無條件的愛。

如果一個人在童年時期沒有得到足夠的愛，或者發現父母的愛是有條件的，自己必須聽話、必須懂事、必須做得足夠好，才能得到父母的愛，那麼，哪怕他之後取得再大的成就，他的內心也始終是匱乏的。

所以，那些從小與父母親密的孩子，長大後往往會更有自信，在人際關係中遊刃有餘。反之，孩子就很容易自卑，出現社交困難等狀況。

願孩子們都健康快樂的長大，成為一個獨立、勇敢、有夢想、對社會有用的人。

因為父母終將有一天會退出你們的生活，所以真的希望大家愛孩子絕不是把他們放在蜜罐裡，而是讓他去體驗什麼叫苦盡甘來，這是鍛鍊孩子成長的方式。

從現在開始，不要再控制你的孩子，尊重孩子的喜好，放飛孩子，讓他去追逐自己的夢想！

關於人生成功的智慧

感謝生命中激發我鬥志的人，
是你們才讓我更勇敢努力奮鬥。

做自己的太陽，你就能成為別人的光

美容健康行業是我來臺灣事業的開始，過程不容易。在臺灣，這個產業給人的印象比較負面，即便到了今天，我的事業仍被人們認為是八大行業之一，必須受到許多額外流言蜚語和監管。

當時聽到很多人在外面說我的壞話，並且感到不認同，「別人的嘴巴，自己的道路。」嘴巴是別人的，但人生卻是你自己的。雖然我們不必做個真正的聾子，但卻要永遠充滿希望、樂觀和積極，不要只聽那些消極悲觀的話，因為他們只會潑別人的冷水，燒熄我們的毅力。

我們要將充滿力量的話時時記在心裡，因為這將影響往後的人生，嘴巴長在別人嘴上，但自己卻要走屬於自己的道路。

在這個現實的社會裡，即便是遭受旁人無情的冷漠、批

評、否定甚至排擠，也不表示我們就得唉聲嘆氣、自怨自艾。請記住，唯一能否定你的人，就是你自己。

話說回來，不藐視別人的批評、誹謗、辱罵，且能拿來當作參考，可以讓自己的人格更上一層樓，若能從各個觀點角度做思考，處事也必可面面俱全。

另外，千萬不要光說一些沒有建設性甚至有破壞性的話，看到別人做好事，不要因為自己做不到就酸說沒什麼大不了，其實一句讚揚的好話，也是在做好事。

不要以為潑冷水或摧毀他人沒啥罪過，或許你正是殺人兇手，甚至是把人推進了地獄的大惡魔呢！

凡是罵你的，都是不如你的人，如果你都是最後那一個了，誰還罵你？因為你看不得別人好，只要看到別人比你好，你就心裡難受，你就說壞話把他推倒、把他整死。這就是今天的社會風氣，不變行嗎？

好事不出門，壞事傳千里，破鼓萬人捶，牆倒眾人推，我們民族怎麼變成這樣了呢？

當我的事業正在蓬勃發展的時候，同行及周邊的人士開始嫉妒，記得那個時候，每天都有員警在對面站崗，等到店裡客人已滿，他們就會開始來店裡搞蛋。最慘的是，他們找了各種理由把我的招牌拆了好幾次，只因為「我的生意比他們好」。

那時我剛來臺灣不久，我什麼都沒有，有的只有我自己。

沒人脈、沒資源的我，就這樣被有心人士欺負長達一年的時間，幸好老天有眼，他們越想讓我離開，我的生意就越好。

感謝生命中激發我鬥志的人，是你們才讓我更勇敢努力奮鬥。那個時候我不分白天晚上不停工作，我從一無所有到一無所缺，開店八年的時間，到後來買了屬於自己的住房和店面。我現在都把生命中的小人當成我的貴人，因為有他們的刺激，我才變得更強大、更有動力。

生命的價值不在於獲取多少，而在於你付出多少，
經歷過磨難的人，才是最值錢的人。
我們可以輸在人生的起跑線，
但絕不能輸在人生的轉折點，
因為放下才能讓我走得更遠。

失敗並不可怕，可怕的是缺乏戰勝失敗的執著精神。勇敢迎接困難的挑戰，並且時時心懷感恩。感謝一路支持我的顧客和關心我、愛我的人，因為有你們，我才會更勇敢的走下去。

我相信成功需要朋友，要取得巨大的成功則需要敵人，有競爭才有發展，因為有了敵人的存在，因為有了不服輸的決心，才會努力做好自己的事。所以，有時候敵人比朋友的力量更大，艱辛能夠磨練你的意志、困難會讓你變得更加堅強。

　　天底下沒有不能打敗的對手，即便他是傳奇，即便他是那個領域裡最神話的人物，也就是說人在自信當中需要有自信，自信不等於自大。我想這樣子才不會容易下一次被擊敗。

是誰主宰了你的命運

　　世上很多事都跟命運有關，這是我過往人生中很重要的體悟。我們的命運並不是別人所能控制，控制我們命運的就是我們自己。

　　比如一個人脾氣暴躁、惡口罵人、習以為常、沒有人緣，做事也就得不到幫助，成功希望自然減少。有的人養成了吃、喝、嫖、賭的惡習，傾家蕩產、妻離子散，把幸福的人生斷送在自己手中。

　　我們一生受到感情的牽絆影響甚大，為了感情不順而毀掉前程的人比比皆是，為了金屋藏嬌或是紅杏出牆，破滅的幸福家庭不乏其例，感情如果處理不當，不幸的命運就會如影隨形而來。

　　有的人處理不好夫妻的情感、家庭的矛盾，活在痛苦的泥沼裡，要解除感情的束縛，必須懷抱豁達胸襟、控制情感，而不為感情所駕馭。

　　我們擁有同樣的能力、同樣的專業，但處在不同的時代或

時機點，就會有著截然不同的發展結局。好比 1990 年代我初到深圳發展，那時真的遍地是黃金，只要肯打拚的人，做什麼行業都會賺。後來我自行創業開店，鼎盛時客戶川流不息，卻突然橫空來了個 SARS 風暴，極短的時間內，深圳幾乎成了空城，如同今年的新冠病毒一樣，搞得很多店家經營不下去。

但是這代表我是宿命論者嗎？

其實正好相反，我這一生就是要用我的行動來證明，沒有什麼事是絕對的，沒有人天生註定無法成功。

談起命運，不是為了要讓我們拿來當藉口，而是要讓自己勇於認清事實，如此才能再接再厲邁出下一步。

以下是常見的兩種跟命運有關的錯誤思維。

錯誤思維一：拿命運當藉口

我的人生也很容易拿命運當藉口，從我成長環境這件事，我就可以說自己學歷不高，沒有足夠資源，我平凡是應該的。如果我這樣子想，我可能很早就安於餐廳端盤子的工作，然後工作多年和一個鄉下工人結婚，一輩子困在生活的泥沼裡，可能終身都沒離開過湖北，連大海都沒看過。

好在我沒有拿命運當藉口，當發生挫折失敗時，我清清楚楚知道是我能力有問題，我必須改善自己，而不會去歸咎「命不好」。

錯誤思維二：過度仰賴好運

有人說，當風揚起來的時候，再破爛的船帆都吹得起來，就算只是個破舢舨，也一樣可以乘風破浪。但船上的人沒有這樣的認知，還誤以為自己「很厲害」。這樣的心境最糟的，就是讓一個人不思成長。一個自以為是的人，唯有當碰到逆境的時候，才發現自己的能力不足。然而，往往當事人受不了這樣的打擊，他可能大喊一聲「命運作弄人」，接著就自暴自棄，隨風逐流。

我在成長過程始終沒有放棄學習，我在不同職場都是從零開始，所有的技術以及如何與客戶應對進對的種種方法，都是我自己努力學習來的。世界上的每一件事都是公平的，成果完全取決於每個人自己的意志力。

一個人能征服自己，才是世界最偉大的人。

我去到深圳的年代，剛好是中國經濟特區蓬勃發展的時代。表面上，這是命運，但宏觀來看其實是一種趨勢。一個有遠見的人，可能早幾年就看見趨勢，剛好那個時間點到達深圳，因此說自己「幸運」。

如今回顧，就比較可以清楚的「知命」，這種態度，讓我的心比較可以放得開。如此，像後面發生 SARS 風暴和新冠病

毒疫情，很多產業被迫倒閉，人的心也比較可以釋然，知命然後認命，不是自我放棄，而是瞭解這只是一時的挫敗，只要我的能力還在，就可以東山再起。

有夢想，才有遠方

夢想的力量，是我們所有人在成功路上最重要的力量。

曾經我一無所有，在家耕田、養豬、放牛、燒木炭，16歲那年父親病逝，被迫輟學，小學畢業的我走向這個社會。小時候最大的夢想，就是能從農村搬到城裡住，渴望能過上城裡人的生活，沒有什麼夢想，和大多數人一樣找份工作、學一門技術什麼的，人生迷茫、痛苦、沒有方向，更談不上什麼是夢想。

一個人要實現自己的夢想，最重要的是要具備兩個條件：勇氣和行動。

夢想是行動的起點，
行動是放飛夢想的翅膀，
只有夢想而沒有行動，夢想就只是空想；
只有行動而沒有夢想，就會沒有方向。

　　無論一個人有什麼樣的夢想，唯有去行動，不懈地奮鬥，才能　起夢想的風帆，所以夢想需要實踐家，而不是空想家。

　　我透過不斷的堅持與努力，實現一個又一個的夢想，當我發現人生有無限潛能的時候，我又升起了一個更大的夢想，那就是這幾年來我瘋狂的看書，閱讀各種暢銷的書籍，如：《失落的百年致富聖經》、《祕密》、《富爸爸，窮爸爸》……等等，我更是在《富爸爸，窮爸爸》這本書裡面，讀懂了什麼叫財富自由。

　　我在國內、國外花上百萬元上課學習，看到一個又一個成功的老師在臺上講他們成功逆襲的故事，激勵著大家，從他們身上學到了什麼叫財富自由，什麼叫夢想的力量。同時也燃起了自己的夢想，當我有了夢想以後，我發現我有了方向，有了動力；當我有了夢想以後，我發現我的能力就自動顯現出來。很多人認為成功需要能力，如果成功需要能力的話，能力是怎麼來的呢？能力和什麼有關？能力和夢想有關。老師在臺上經常講這麼一句話：

　　你的夢想拉高一分，你的能力 N 倍裂變，
　　你的夢想拉高一分，你的能力自我顯現。

　　你今天之所以沒有那麼大的能力，是因為你沒有夢想。當

你有了夢想，你的能力就出來了。

2019 年為了挑戰自我，完成夢想，我在大陸的北京央視挑戰《超級演說家》，在著名的主持人寇乃馨教練的指導下，我也順利登上了中國央視的國際舞臺。

我人生最大的夢想，就是能拿著麥克風，站在千人萬人的舞臺上，講述我如何努力與堅持，讓自己快速逆襲成長的故事，透過一支麥克風說出你的夢想，透過一支麥克風發出你的情感，透過一支麥克風實現你無限的人生夢想。

沒有夢想也能活著，
但沒有夢想你拿什麼證明自己？
別再將夢想當作昨天或明天的事情，
今天就是夢想的出發點！

這個世界上有 3％ 和 97％ 的人，3％ 的人掌握了這個世界上 97％ 的財富和資源，而剩下 97％ 的人只能分享這個社會上 3％ 的財富自由和資源，我們每一個人在沒有夢想之前，都是一個普通人，我們有了夢想就會變成那 3％ 的人。你可以把這

兩種人分為成功者和失敗者、富有者和貧窮者，但是在我看來，這個世界只有兩種人，就是領導者和被領導者。

領導者簡稱領袖，被領導者簡稱奴隸，你要不就是領袖，要不就是奴隸，3％的人為什麼能夠成為領袖呢？97％的人為什麼會成為奴隸呢？人與人之間是這個關係，人與錢之間也是這個關係。

我們普通人大學畢業以後做的第一件事是去找工作，找工作是為了什麼？賺錢！賺到了錢以後要幹嘛？消費！消費了以後沒有錢了怎麼辦？繼續工作賺錢消費、工作賺錢消費，97％的人為錢工作一輩子，工作到死為止，因為他們不敢退休，因為退休以後收入就會下降，支出就會上升。

當我們去各個國家的機場，去各個地方的車站，看到掃廁所的永遠是老人，他們工作到死去前一天才停止工作，他們為了錢工作一輩子，變成錢的奴隸。但是這個世界上還有第二種人，每天睡覺睡到自然醒，數錢數到手抽筋，這輩子什麼都不用幹，為什麼？因為他們不為錢工作，而是讓錢為他們工作。

窮人為錢工作一輩子，變成錢的奴隸；
而富人不為錢工作，讓錢為他工作，變成錢的領袖。

要想成為錢的領袖，那就一定不要為錢工作，而是讓錢

為你工作。要想成為錢的領袖，你必須搞懂一個問題，錢在哪裡？錢在人的口袋裡！換句話說，只要我們成為人的領袖，我們就能成為錢的領袖。我們要怎麼成為人的領袖呢？很簡單，兩個人在一起，要不就是你影響我，要不就是我影響你。

記住！誰影響誰，誰就是領袖；
誰被誰影響，誰就是奴隸。

兩個人在一起，到底哪一種人能影響哪一種人呢？很多人會認為是有能力的影響沒能力的，很多人認為是有智慧的影響沒智慧的，但是我想告訴你，那可不一定。有一個歷史上赫赫有名的老闆劉邦，他論帶兵打仗的能力，一定沒有韓信厲害，還有一個老闆劉備，論智慧他一定比不過諸葛亮，但是這兩個人為什麼都可以成為他們的老闆呢？因為這兩個人有夢想。

這個世界不是有錢的影響沒錢的，
有學歷的影響沒學歷的，
也不是有智慧的影響沒智慧的，
更不是有能力的影響沒能力的，
而是有夢想的影響沒夢想的，
大夢想的影響小夢想的！

　　當你有一個宏偉的夢想，你就可以吸引無數個沒有夢想的人和夢想比你小的人來為你工作，來幫你實現你的夢想。一旦你認為是有能力的影響沒能力的，所以你影響都是沒有能力的，你的員工就會一個比一個笨，當老闆是整個企業裡最有能力的那個人的時候，老闆就離死不遠了。怎麼死的？累死的！

　　如果你認為是有智慧的影響沒智慧的，那麼你影響都是沒有智慧的，所以你的員工一個比一個蠢，當老闆是整個企業最聰明的時候，老闆也是離死不遠了，同樣是累死的！

　　所以老闆一定不要成為員工裡最有能力、最有智慧的人，而是要成為最有境界、最有夢想、最有格局的人！老闆永遠不要跟員工比能力，老闆要跟員工比夢想，所以必須要讓自己升起一個夢想，當你有一個宏偉的夢想，你就可以吸引無數個沒有夢想的人和夢想比你小的人來為你工作，來幫你實現夢想。

　　這一句話去套全天下所有的領袖，不管是政治領袖、宗教領袖還是商業領袖，不論是馬雲、馬化騰、郭台銘、王永慶、李嘉誠、黃光裕、比爾蓋茲，這些人之所以成功，不是因為他們只有能力，而是因為他們最有夢想、最有格局，所以全天下最有智慧、最有能力、最有錢的人全部為他們所用，願意被他們所用，人與人到最後比的就是夢想，所以你必須升起一個夢想，只有你升起一個夢想，你的人生才有可能改變！

　　我們要成為一個激情澎湃的人，為什麼會有激情？因為有

夢想，激情來自於夢想，為什麼很多人有激情，馬雲、王永慶、郭台銘、劉邦、劉備……，哪個身上沒有激情？為什麼他們有激情？激情來自於夢想，因為他們有大夢想、大格局，所以他們才有激情！

很多人說他有夢想，但是夢想實現不了，所以就沒了。窮人會認為反正夢想實現不了，還不如沒有夢想；而富人認為人活著一定要有夢想，萬一實現了呢？

你的夢想跟誰有關，你就能拉動誰的力量來成就你，希望我們所有的家人，都能升起一個偉大的夢想。首先升起個人的夢想，光宗耀祖讓自己獲得財富自由，當你實現了以後，要升起更大的夢想，幫助你的所有員工獲得財富自由，當你實現了這個夢想以後，再升起一個新的夢想，幫助你的所有顧客，用你的產品過好的生活。很多人說，我好不容易實現夢想了，怎麼又要我升起另一個夢想？多累啊！

記住！夢想不是用來實現的，
夢想是用來支撐靈魂的。

當你真真正正升起一個大夢想的時候，你的能力會自然顯現，會有更多的貴人來成就你。

我每天早上五點半起床，開始閱讀、寫作，聽關於成功者

的演講……等等，我每天不是被鬧鐘叫醒的，而是被夢想叫醒的，因為我想成為一個有夢想的人，想要成為夢想中的自己。

只有自己擁有夢想，並能夠為之付出行動的人，才會感覺到生活充滿的樂趣和熱情。沒有一顆心會因為追求夢想而受傷，當你真心想要某樣東西時，整個宇宙都會聯合起來幫助你完成。

夢想是堅信自己的信念，完成理想的欲望和永不放棄的堅持，是每個擁有它的人，最偉大的財富。

永遠不要停止相信自己

每個人最大的敵人就是你自己，只要相信自己能，你就是成功者，這是我最喜歡的名言。我相信自己就是自信，自信的人，無論遇到多少艱難險阻，都會以積極樂觀的態度去面對；自信的人不管遇到多少強悍的對手，都會毫無退縮的勇敢去戰勝他。

相信自己，就是面對困難、挫折或新的挑戰不要折服，不要膽怯，面對困難、挫折、挑戰，只要你肯相信你自己，不斷努力的付出，哪怕你現在的人生是從零開始，你都可以做得到，因為你自信。

我們能讓多少人相信你，你的事業就能做多大。經營企業

最重要的就是經營相信，假設全地球有 75 億人，每人都相信你一次，每人都給你一塊錢，恭喜您，你就是 75 億的富豪，成功其實就這麼簡單。

為什麼經營企業就是經營顧客對你的相信呢？顧客買公司的產品，太貴了考慮一下，全是敷衍你的藉口，顧客之所以不買單最主要的原因，是因為他不夠相信你，如果他相信你，他一定會找你買。

不單是經營事業，經營家庭也是經營相信，人這輩子最關心的三件事，事業、家庭、健康，為什麼經營家庭叫經營相信呢？當老婆偷偷翻老公的手機、簡訊的時候，證明這個家庭已經出現裂痕，為什麼她不相信老公了？所以夫妻之間最核心的兩性關係，其實就是相信。

為什麼說經營健康是經營相信呢？我們很多很多的癌症患者，其實並不是會被癌症殺死的，而是知道自己得了癌症以後被嚇死了；而很多很多的人之所以能夠戰勝癌症，我們這一代所有創業者偶像李開復，他用樂觀、正向的態度戰勝癌症，為什麼，因為他們相信他們能康復。

你能讓多少人相信你，
你的事業就能夠做多大。

怎麼樣才能讓別人相信我們呢？

1. 你一定要學會相信你自己

當你相信你自己的時候，才會有人相信你；你自己都不相信自己了，客戶又怎麼會相信你，怎麼可能有員工相信你？如果連老闆都對公司失去信心了，怎麼可能有員工跟著你呢？為什麼顧客不買你手上的產品，因為連你對自己的產品都不堅定了，他怎麼可能買你的產品呢？

我常對我員工說：「要 100％相信自己，100％相信自己的產品，要 100％相信企業。」只有這份相信，才能讓員工相信你。

記住，銷售就是「信心的傳遞和情感的轉移」，在這個世界上，沒有見過一個人不相信自己卻還能夠獲得成功的人，要讓別人相信你，先決條件是要自己先相信自己。

2. 要學會相信別人

之所以今天別人不相信你，是因為你不相信別人，我們很多人卻在抱怨，出社會後再也找不到真心的朋友了。為什麼我們找不到真心的朋友了？是因為在學校裡面，我們 100％相信我們同學，我們同學也 100％相信我們。但是當我們出社會以後，很多人都不再 100％相信別人了。

　　我相信每一個人最懷念的，是自己的初戀，因為初戀是100％把心掏給對方的，但是當我們被傷害以後，便再也不敢把心交給對方了，也就是我們不敢全心全意相信一個人了。

　　我常在說：人這一輩子最大的悲哀，就是活了一輩子找不到一個100％相信你的人，沒有一個人100％相信你，你也找不到100％讓別人相信你，這是何其的悲哀。

　　為什麼會出現這樣的情況，第一、不夠相信別人，我出社會已有三十年時間，但是我每天都在結交「生死之交」。我為什麼要結交「生死之交」，因為我在見到任何一個人的時候，都會把心掏出來交給對方，接不接受是你的事，掏不掏是我的事。但我講到這句話的時候，有很多人問我：「你平時有沒有被別人騙過？」

　　恭喜你答對了。但是我不會因為我把心掏給你，你傷害了我，你騙了我，我就像普通人一樣，再也不敢把心交給第二個人了，我就把自己封閉起來。

　　如果是這樣的話，我的事業也不可能有今天，所以我想告訴你，每一位有志於成功的人，一定要學會相信別人，凡是成大事者，他都有一顆赤子之心，學會相信別人。

　　做一個領導人，有一句話一定要記在心上：「用人不疑，疑人不用。」

　　講的就是相信別人的做事，當你100％相信別人的時候，

別人就會 100％相信你，當你把真心交給別人的時候，別人也會把真心交給你，所以要全天下人都相信你。

我當初剛到深圳碰到語言難題，如果自己不努力克服困難與挑戰，不積極面對的話，也沒辦法三個月內學會廣東話，更不可能在深圳找到工作，也不可能成就現在的我。就是因為我相信我自己。

我特別喜歡相信別人，我特別相信那些比我們成功的人，不管是馬雲、郭台銘、李嘉誠，當他們在書中或者是傳記裡講到他們成功的方法或案例的時候，很多人聽完以後都說那是偶然，但我相信他們可以偶然，我也可以偶然，相信成功是必然的，所以我一定要成功。

我們必須是有恆心，尤其要有自信心！
我們必須相信自己的天賦是要用來做某種事情，
無論代價多麼的大，都要把這件事情做成功。

籃球之神麥可喬丹曾說：「想成為籃球場上的偉人，就去贏得別人不認為你能贏的比賽吧！」

苦難是無情的，即使你是王公貴族，一樣會遇到無情的苦難或人生的挫折，人生的道路上，無論如何都會比迴避不了現

實重重困難，事業、愛情沒有永恆的一帆風順，家庭、學業，沒有真正的心想事成。只要你不去推諉、不膽怯、保持信心滿滿、保持良好的心態或旺盛的精力，努力的奮鬥，你就一定會知道：

發光並非是太陽的專利，你也可以發光。

相信自己，你就一定可以做得到！人生的遭遇難以控制，有些事情不是你的錯，也不是你可以阻止的。你能選擇的不是放棄，而是繼續努力爭取更好的生活。

說給姐妹的話

人生就像嬰兒學走路，無論跌倒多少次，
總會不斷嘗試，直到最終站起來。
所以我們從來就不會失敗，
我們只是在找下一個站起來的方法。

　　在嬰幼兒時期，你是透過不斷的嘗試與犯錯來學會走路，當你第一次努力嘗試時，你摔倒了，並重新回到爬行。你不在意你對摔跤的恐懼，也忽視了你造成的結果。你不斷的再一次起身又再一次摔倒，然後可以像一個搖搖晃晃的人那樣站直了，但接下來又是一個不可避免的摔跤。最後你終於可以直立的行走。試想一下，如果在嬰兒時期我們就學會了恐懼失敗，那麼我們當中很多人也許至今還在用四肢爬行。

　　這只是告訴大家，當我們遇到困難與坎坷想要放棄時，就會問自己，在此之前有沒有任何一件事情你是盡力努力了、全力爭取了，最後卻沒做成的？答案是：沒有。

　　似乎只要努力過、爭取過的事情，從來沒有失敗的例子。那些讓人悔恨的經歷，反倒是那些退縮、軟弱、偷懶、不盡力爭取的場景。所以，盡力去做就好，不要給自己妥協，做應該

做的事情,做好該做的事。

退一步海闊天空只是躲進自己的世界而已,而那個世界也會越來越小。如果現在不堅持,到哪裡都是放棄。如果現在不堅持,到哪裡都是放棄。如果現在不堅持,到哪裡都會放棄。這句話是應該銘記在心的,時刻警惕著自己。

當你認識到自己身上的能量,
當你竭盡全力去做好每一件小事,
當你奮力拚搏只為能夠對得起自己心中的夢想時,
其實你已經發出了燦爛的光芒,
所有人會因為你的光彩奪目而為你鼓掌。

我相信姐妹們和我一樣,剛來臺灣時在現實生活中都碰到了非常多的困難或挑戰,如果大家願意把你的故事、把你所體悟的事情都分享給大家,那麼新住民在臺灣將是一群最有祝福、最有把苦化成美好的力量、最能把痛變成能量的一群人。

2019 年,我的美容健康事業逐步穩固,隨著孩子越來越大,可以照顧自己,並且他們也都可以來我店內休息寫功課。如今我可以付出更多心力在事業上,有機會也願意協助那些想走出自己一條路的陸配姐妹們,一起拓展事業。

我總是強調家庭和孩子的重要性,非到萬不得已,不要輕

易走離婚這條路，千萬不要讓孩子成為你們的犧牲品。

　　生命的溫度來自於愛、寬恕、包容跟諒解，強大自己才是我們唯一的選擇，艱辛能夠磨練你的意志，困難會讓你變得更加堅強，行動是成功的開始，等待是失敗的源頭，走出去，不要躲在角落裡，那樣誰都看不到你。女人一定要獨立，一定要自己養活自己，你不可以依靠男人，手心朝上的日子是恥辱的，你將永遠得不到遵重。

　　做一個決定並不難，難的是付諸行動，並且堅持到底。

　　大部分人往往對已經失去的機遇捶胸頓足，卻對眼前的機遇視若無睹。只有你學會把自己已有的成績都歸零，才能騰出空間去接納更多的新東西，忍別人所不能忍的痛，吃別人所不能吃的苦，就是為了收穫得不到的收穫。

　　即便做事業，也可以兼顧家庭，這點我非常相信。如何家庭與事業兼顧？首先，你要訂出原則，並且遵守原則。

　　例如：我每天早上五點半起床，閱讀關於立志書籍，到七點幫小朋友做早餐，一個星期我大概親自煮兩到三次早餐給小朋友吃，接著就去早市準備晚餐的飯菜。十一點準時上班，到下午五點不論再忙，我每天都會撥出一定時間，那是「屬於孩子的時間」，也就是說每天下午五點到晚上七點，我都在家煮晚餐陪孩子吃飯，這也是一家人團聚幸福的時刻。

　　等安頓好孩子，我才會再回到店裡繼續工作到凌晨十二

點，有時到兩點也是常發生的事。另外我還在家中安裝監視器，方便看到孩子安全，孩子也看得到監視器，讓她們知道，有事情媽媽隨時都在身邊。我的孩子都用監視器帶大的，雖然很無奈，但也是沒辦法中的辦法。

將心比心，我身為人母，也會給同樣身為人母的「師傅」方便。有些師傅要照顧小孩不方便，她們都可以帶著孩子過來上班，邊帶孩子邊賺零用錢，有時我兒子、女兒下課回來，他們孩子還可以玩在一起。

我常跟師傅們說：「你們可以把我這兒當成你自己的家。」這絕不是客套話，而是我真的實際落實。師傅也都不把我當資方老闆，而是當成好姐妹般，大家都是自己人。如果有姐妹碰到困難需要工作，隨時都可以加入我們，我們有教學服務，店裡有吃有住，也是可以賺錢的地方，我隨時歡迎你們。

從事服務業，我們自然要對客人負責，我不只讓員工安心，更須讓客戶安心。因此，我跟姐妹們不論關係再怎麼好，還是有基本嚴格要求。首先，他們必須依照我的嚴格考核，取得專業技能，我才允許她們幫客戶服務。

基本上，師傅在我這裡服務沒有什麼壓力，但也知道必須認真做事。我們不能祈求事事如意，唯求時時努力，上天從不會辜負每一個努力奮鬥的人。

與陸配的溝通

> 姐妹們做自己的太陽，
> 無需憑藉別人的光。

　　依靠是最不著邊際的，因為你永遠害怕離開；獨立則是最堅強的支撐，因為你不需要別人給你所有的安全感。

　　外面的天不會塌下來，外面的雨不會跑進來，你只要讓自己永遠處在陽光下，就可以永遠的發光發亮。

　　每個人都有自己的光源，都靠自己獲得力量。
　　我們在平凡的世界裡雕琢自己，
　　努力接近太陽，
　　為的就是發出自己的光，
　　而不必活在任何一個人的光芒裡。

　　進入現代社會，有些古老的價值似乎被推翻掉，例如從前的倫常關係以及對長輩的恭敬，似乎被現代人追求自我的意志所取代。也因此，現代人離婚率比較高，因為動不動就想要自由，包含夫妻間關係如此，很多職場上年輕人也是如此，一邊

抱怨找不到理想的工作,一邊又對工作無法全心付出。

最終我們可以發現,事業跟家庭,幸福的原理是相通的:

人對了,什麼都對了。

人心有罣礙,就會覺得家庭不美滿,職場也不得意。

反求諸己,才能找到解答

以上道理,不論對臺籍配偶或陸配都是一樣的,只是由於這許多年來,陸配的狀況似乎很多,幾乎聽到的大部分都是不愉快的婚姻,因此這裡要針對陸配做分享:

這些年來,我越來越認同「予人魚吃,不若予人釣竿」。這裡的釣竿,指的不單是謀生技術,也包括做人處世的心態。

懂得運用痛苦跟快樂的力量,你就能徹底發揮你的潛能,你能徹底的再一次脫胎換骨,變成另外一個全新的人。

一個人之所以能成功,非常重要的一點,不是贏在他的學歷上,不是贏在他的能力上,而是贏在他的心態上。一個人從小到大每一次的經歷,都是對心態的修煉,就看我們是否願意抓住這種機會,在挫折或打擊中不斷強大自己。

一個人的心態會左右你一生的發展；

一個人的格局，意味著你成就多大的規模；

一個人的用心，註定你做出了多少的成效！

我們要用愛的心去做事業，用感恩的心去做人。幸運往往不是一開始跑最快的人，而是忍辱負重不斷在奔跑的人，而我就是那個人。以創業來說，我自己就是成功的例子，不是說我事業多成功，而是指我是可以從無到有、買住房、買店面、打造事業，證明只要有心，人人都可以。

再以家庭來說，我也是親身經歷過，婆媳問題以及陸配初來臺灣的無助感，也唯有自己這樣的親身體驗，我再去跟陸配朋友交流，讓她們怎樣才能幸福。不然人們會說：「唉啊！你又不是我，你沒經歷過我的痛苦啦！」

所以我想幫助別人，很重要的兩點：

第一，我要讓自己做出成績。

第二，我要將我的體悟心得，化成讓人可以明瞭的方式接受，這也是我後來嘗試公眾演說，以及出書的原因。

曾經，我也是以急難救助方式幫助一個大陸姐妹，當時她打電話給我說小朋友連奶粉錢都沒有，生活碰到困難，我答應

她來我家寄住兩個月,協助她在店裡工作,過程中我也幫她照看不到 1 歲大的孩子。

平時她工作,我當臨時保母,在她自己的努力之下,很快生活就穩定下來。

但最終我還是希望朋友們自立自強,特別是我發現到陸配姐妹們普遍碰到的依然是婆媳問題,加上與先生溝通問題。其實臺灣媳婦也一樣會碰到,只不過陸配可能因為跨海離家遙遠,因此多了一種無助感,再加上一些文化認同上的標籤,心中有了自我設限,讓問題更加難解。

家是講愛的地方

我想分享給姐妹們的是:
家是講愛的地方,不是講理的地方。

情緒會搞砸一切,一個人的失敗,98%是因為「脾氣」,如果你是對的,你沒有必要發脾氣;如果你是錯的,你沒有資格去發脾氣,這才是真正的智慧,可惜大多數人沒有想透徹。忍一時之氣,免得百日之憂。

喜歡生氣的人，都能找到太多生氣的理由，

但是不生氣只有一個理由，

那就是「別跟自己過不去」。

隨時隨地發怒，控制不住情緒的人，不管是在生活中還是在事業上，都更容易遭遇挫折。《孫子兵法》說：「主不可以怒而興師，將不可以慍而致戰。」既便是能力最強的人，犯了多怒的毛病，一樣不會走得太遠。我們時刻要管理好自己的情緒，才有辦法強大自己。

1. 不要心存委屈

若自己已經先認定是「被人欺負了」，往往就很難客觀面對問題。

2. 要立定堅定信念

結婚是終身大事，當初既然決定嫁來臺灣，也應該不是隨隨便便的決定。心中抱著要過得好的信念，只要這個信念夠強大，就不會這也感到挫折、那也感到不如意。

3. 懂得用愛去包容

試著不要拘泥於吵架的言語，用心去想，家和萬事興，贏

了家庭就贏了全世界，做一個減少抱怨感恩的人，我們不要做英雄，要做贏家。

丈夫，是要跟你走一輩子的人，碰到問題時要好好的溝通，面對問題可以吵架但不可以逃避問題，可以用情緒但不能冷戰，只要我們不要忘了這些激烈的表達出發點都是為了愛。當你爭吵的你死我活，誰都沒有占到便宜，輸了的是誰，贏了又是誰？結果都輸給了自己。

婆婆，不只是可以協助我們照顧孩子，還可以代替你做很多事。我們處了好好孝順她之外，更要好好利用這個資源。大家可以參考我和婆婆的相處之道，從不可能變為可能，主要原因就是放下，改變不了別人，先改變自己。

我相信懂得溝通，很多爭執都是可避免的，不要說動不動就喊離婚，更不要讓孩子變為你們的犧牲品。

戰勝自己才能戰勝困難

面對困難、挫折或挑戰，只要你肯相信自己不但努力付出，哪怕你現在的人生是從零開始，你都可以做得到。當一個人先從自己的內心開始奮鬥，她就是個有價值的人。

不管我們處在何處，我們都不要迷失自己。只要你自己真

235

正撐起來了，別人無論如何是壓不垮你的，內心的強大才是真正的強大。

　　要想事情改變，首先自己要先改變，
　　只有自己改變，才可改變世界。
　　人最大的敵人不是別人，而是自己，
　　只有戰勝自己，才能戰勝困難！

　　你接近什麼樣的人，就會走什麼樣的路。窮人，會教你如何節衣縮食；小人，回家你如何偷拐搶騙；牌友，只會催你打牌。不努力的男人只有兩個結果，抽不完的低檔煙和幹不完的體力活；不努力的女人只有兩個結果，穿不完的地攤貨和逛不完的菜市場。所以你要學會奮鬥，不要奢望別人在經濟上能給你任何的幫助。

　　我非常喜歡以上的幾段話，你拚了命賺錢的樣子雖然有些狼狽，但是你靠自己的樣子真的很美。

永不停止的學習

　　過去的習慣，決定今天的你，所以過去的懶惰決定今天的一敗塗地。很多的失敗不是因為能力有限，而是因為你沒有堅

持到底。

真正成功的人生，不在於成就的大小，而在於你是否努力去實現自我，喊出自己的聲音，走出屬於自己的道路。

1. 學習認錯

人常常不肯認錯，凡事都說別人的錯，認為自己才是對的，其實不認錯就是一種錯。

認錯的對象可以是父母、朋友、社會大眾，甚至像兒女或者是對自己不好的人，自己不但不會少了什麼，反而是有度量。

學習認錯是美好的，是一個大修行。

2. 學習忍耐

忍一時風平浪靜，退一步海闊天空。忍就是會處理會化解，用智慧、能力、讓大事化小、小事化無。

有了忍耐才可以認清世間的好壞、善惡、是非、甚至接受它。

3. 學習溝通

溝通是件很重要的事，不管是家人、屬下、同仁、客戶，

都需要更好的溝通技巧。在職場中難免會碰到許多不如意的事，也會遭遇挫折，這時，自我心情的調整或我不斷的激勵，就是所謂的自我溝通。缺乏溝通，會產生是非，爭執與誤會。

溝通就是相互瞭解、互相爭執，不溝通怎麼能和平呢？

有時我們在溝通時，會自覺的用一些「否定」、「命令式」的說話方式，例如：「跟你說過多少次了，你這樣做不行啦！」、「你怎麼那麼笨，跟你講你都不聽。」一般來說，人都不喜歡被批評、被否定，但是有時我們在言談間，卻不知不覺的流露出自我中心主義或優越感，覺得自己都是對的，別人都是錯的。

有句話說：「強勢的建議是一種攻擊。」因此在溝通時，必須注意到對方的感受，畢竟每個人都有「自我尊嚴感的需求」，每個人都希望被肯定、被讚美、被認同，而不喜歡被否定、被輕視。

在溝通時，人除了防衛自己之外，也要站在別人的立場來想，善用「同理心」，要學會控制自己的舌頭，在適當的時候說出一句漂亮的話，也在必要的時候即時打住一句不該說的話。因此我們必須學習「不要著急說、不要搶就說、而是要想著說」，絕對不要因逞口舌之快而後悔。

我們必須學習情緒忍受力和挫折容忍力，因為脾氣來了，福氣就沒有了。

4. 學習放下

　　人生像一只皮箱，需要用的時候提起，不用的時候就把它放下。應放下的時候卻不放下，就想拖著沉重的行李，無法自在，人生的歲月有限，懂得放下才能自在。

　　當然，如果只有我們這邊付出了，但情況真的很糟，例如先生就是酗酒不務正業，還家暴打老婆，而婆婆就是惡意虐待媳婦，每天都想讓媳婦生不如死。若真的有極端狀況，記得好好的保護自己，不要一味地忍讓，別讓對方得寸進尺。法律是保護每個人最好的武器。

　　基本上，陸配本身不要自我封閉，也不要凡事都預設立場，一個懂得愛與包容的人，就可以擁抱更幸福的生活。

我不要做英雄，要做贏家

做自己的太陽，無需憑藉別人的光

作　　　者／朱國榮
美 術 編 輯／孤獨船長工作室
責 任 編 輯／許典春
企畫選書人／賈俊國

總 編 輯／賈俊國
副 總 編 輯／蘇士尹
編　　　輯／高懿萩
行 銷 企 畫／張莉滎・蕭羽猜

發 行 人／何飛鵬
法 律 顧 問／元禾法律事務所王子文律師
出　　　版／布克文化出版事業部
　　　　　　臺北市中山區民生東路二段 141 號 8 樓
　　　　　　電話：(02)2500-7008 傳真：(02)2502-7676
　　　　　　Email：sbooker.service@cite.com.tw
發　　　行／英屬蓋曼群島商家庭傳媒股份有限公司城邦分公司
　　　　　　臺北市中山區民生東路二段 141 號 2 樓
　　　　　　書虫客服務專線：(02)2500-7718；2500-7719
　　　　　　24 小時傳真專線：(02)2500-1990；2500-1991
　　　　　　劃撥帳號：19863813；戶名：書虫股份有限公司
　　　　　　讀者服務信箱：service@readingclub.com.tw
香港發行所／城邦（香港）出版集團有限公司
　　　　　　香港灣仔駱克道 193 號東超商業中心 1 樓
　　　　　　電話：+852-2508-6231 傳真：+852-2578-9337
　　　　　　Email：hkcite@biznetvigator.com
馬新發行所／城邦（馬新）出版集團 Cité (M) Sdn. Bhd.
　　　　　　41, Jalan Radin Anum, Bandar Baru Sri Petaling,
　　　　　　57000 Kuala Lumpur, Malaysia
　　　　　　電話：+603-9057-8822 傳真：+603-9057-6622
　　　　　　Email：cite@cite.com.my

印　　　刷／韋懋實業有限公司
初　　　版／2021 年 1 月
定　　　價／300 元
Ｉ Ｓ Ｂ Ｎ／978-986-5568-02-3

城邦讀書花園
www.cite.com.tw
布克文化
WWW.SBOOKER.COM.TW